Backen macht Freude

1. Das Mehl auf eine Arbeitsfläche sieben.

2. Mit der Germ gut vermischen, und in die Mitte eine Vertiefung eindrücken.

3. In die Vertiefung Salz, Zucker, Vanillin-Zucker, Aroma und Ei hineingeben.

4. Mit einem Teil des Mehls bedecken und zu einem dicken Brei verarbeiten. Die in kleine Stücke geschnittene kalte Butter daraufgeben.

5. Alle Zutaten rasch zu einem glatten, geschmeidigen Teig verkneten.

6. Den Teig zugedeckt ca. 1 Stunde kalt stellen und nochmals durchkneten, damit die Hefezellen Luft bekommen. Eine weitere Stunde kalt stellen und erst dann weiterverarbeiten.

Rezept Nr. 583

Plunderteig (Grundrezept)

Das Besondere dieses Teiges ist die Konsistenz des Germteiges und das Zarte vom Blätterteig.

Da die Zubereitung recht arbeitsaufwendig ist, sich der Teig aber tiefkühlen läßt, lohnt es sich, gleich eine große Menge herzustellen.

Die Grundlage bildet ein Germteig, in den man Schicht für Schicht reichlich Butter einarbeitet. Weder Germteig noch Butter dürfen zu weich oder zu hart sein.
Ist der Germteig zu weich, verbindet er sich mit der Butter und es entstehen keine Schichten.
Ist die Butter zu hart, läßt sie sich nicht ausrollen.
Grundsätzlich sollten Teig und Butter die gleiche Geschmeidigkeit haben.

Beim Einarbeiten der Butter (Fachausdruck: Touren geben) den Teig unbedingt von oben nach unten und von links nach rechts ausrollen, damit sie gleichmäßig verteilt wird.

Damit der Teig beim Ausrollen nicht an der Arbeitsfläche kleben bleibt, muß sie immer gut mit Mehl bestaubt werden.

Den Teig während der einzelnen Ruhephasen in ein leicht befeuchtetes Tuch wickeln, damit er nicht austrocknet.

Teigreste nie zusammenballen, sondern jeweils flach aufeinanderlegen und wieder ausrollen.

Zutaten:
Teig:

50 dag	Mehl
1 Pck.	**oetker** Germ
½	Kaffeel. Salz
5	Tropfen **oetker** Aroma Zitrone
1	Ei
2	Dotter
5 dag	zerlassene Butter (Margarine)
ca. 3/16 l	lauwarme Milch

Butterziegel:

20 dag	Butter (Margarine)
5 dag	glattes Mehl

Backen macht Freude

Rezepte Nr. 581–663

Titelfoto: Rezept siehe Seite 8

Die angeführten **oetker**-Rezepte
können auch mit Zutaten und Backformen
anderer Erzeugerfirmen
hergestellt werden

Im Eigenverlag
oetker Gesellschaft m. b. H.,
9500 Villach
Gesamtherstellung: Carl Ueberreuter Druckerei Gesellschaft m. b. H.,
2100 Korneuburg
ISBN 3900 3320 7 X

1. Das Mehl in eine Rührschüssel sieben und mit der Germ gut vermischen.

2. In die Mitte eine Vertiefung eindrücken und Salz, Aroma, Ei, Dotter, Butter und Milch dazugeben.

3. Mit dem Handmixer (Knethaken) auf höchster Stufe so lange kneten, bis sich der Teig von der Schüssel löst und Blasen wirft. Danach an einem warmen Ort zugedeckt so lange gehen lassen, bis er doppelt so hoch ist und zu einem Rechteck (ca. 30 × 25 cm) ausrollen.

4. Für den Butterziegel die weiche Butter mit Mehl rasch zu einer geschmeidigen Masse verkneten (evtl. Mixer), zu einem Ziegel formen (20 × 10 cm) und in die Mitte der Teigplatte legen.

5. Die Teigränder mit Wasser bestreichen, von allen Seiten über den Butterziegel legen und fest zusammendrücken. Die Butter muß vollständig vom Teig umhüllt sein, damit sie nicht auslaufen kann. Mit einem Teigroller vorsichtig zu einem Rechteck (ca. 30 × 40 cm) ausrollen.

6. Den Teig von der Schmalseite her zweimal übereinanderschlagen, so daß drei Schichten entstehen und danach an einem kühlen Ort ca. 30 Min. rasten lassen. Diesen Vorgang noch zwei- bis dreimal wiederholen und den Teig erst dann weiterverarbeiten.

Rezept Nr. 584

Pizzateig (Grundrezept)

In einfacher Form war die Pizza wahrscheinlich schon vor der Entdeckung Amerikas bekannt. Heute ist sie nicht nur in Italien, sondern in vielen Ländern und in vielen Variationen (leicht, deftig, herzhaft, scharf oder süß) der absolute Hit.

Die klassische Form ist die beliebteste – tellergroß und rund.
Für Parties und kleine Imbisse eignen sich Minipizzas. Im Haushalt ist es am einfachsten, wenn man sie rechteckig, in der Größe des Backbleches zubereitet.

Obwohl die Herstellung des Teiges ganz einfach ist, kann man ihn in größeren Mengen zubereiten, da er, richtig aufbewahrt, lange hält.
Pizzateig ist, gut verpackt, im Kühlschrank zwei Tage haltbar.
Wird er eingefroren (am besten portionsweise), hält er sich bis zu fünf Monate.
Hiefür den Teig zu runden Platten ausrollen, vorfrieren und einzeln, luftdicht verpackt, in die Tiefkühltruhe legen.
Bei Bedarf den Teig auf ein befettetes Backblech legen, auftauen und nach Belieben belegen und backen.

Zutaten:
Teig:

30 dag	Mehl
1 Pck.	**oetker** Germ
1	Kaffeel. Salz
$^3/_{16}$ l	lauwarmes Wasser
4 Eßl.	Öl

1. Das Mehl in eine Rührschüssel sieben.

2. Mit der Germ gut vermischen, und in die Mitte eine Vertiefung eindrücken.

3. In die Vertiefung Salz, Wasser und Öl hineingeben.

4. Mit dem Handmixer (Knethaken) auf höchster Stufe so lange kneten, bis sich der Teig von der Schüssel löst und Blasen wirft.

5. Mit den Händen nochmals gut durchkneten und zu einem Laibchen formen.

6. Um das „Gehen“ zu erleichtern, das Laibchen kreuzförmig einschneiden.

Rezept Nr. 585

Briocheteig (Grundrezept)

Brioche ist, frisch gegessen, der König des Germgebäcks. Es ist besonders locker und durch den hohen Butter- und Eieranteil von unvergleichlichem Geschmack.

Brioche wird in verschiedenen Formen gebacken – die bekanntesten sind die Portions-Brioches.

Für die Zubereitung des Briocheteiges nur absolut frische Butter verwenden. Am besten eignet sich Süßrahmbutter.

Damit er die schöne Porung bekommt, schon am Vortag zubereiten und über Nacht im Kühlschrank gehen lassen.

Briocheteig läßt sich ohne großen Qualitätsverlust einfrieren. Wegen des hohen Butteranteils, der bis zu einem Verhältnis von 1 : 1 gegenüber dem Mehl gesteigert werden kann, sollte er nicht länger als ein Monat lagern.
Vor dem Gebrauch langsam (24 Stunden im Kühlschrank) auftauen und weiterverarbeiten.

Da der Teig relativ schwer ist, braucht er zum Gehen mehr Zeit als andere Germteige. Diese Zeit darf nicht durch eine höhere Temperatur verkürzt werden.

Zutaten:
Teig:

45 dag	Mehl
1 Pck.	**oetker** Germ
etwas	Salz
8 dag	Zucker
1 Pck.	**oetker** Vanillin-Zucker
½ Fl.	**oetker** Aroma Zitrone
2	Dotter
1	Ei
3/16 l	lauwarme Milch
15 dag	Butter (Margarine)

1. Das Mehl in eine Rührschüssel sieben

2. Mit der Germ gut vermischen, und in die Mitte eine Vertiefung eindrücken.

3. Salz, Zucker, Vanillin-Zucker, Aroma, Dotter, Ei und Milch dazugeben.

4. Mit dem Handmixer (Knethaken) auf höchster Stufe so lange kneten, bis sich der Teig von der Schüssel löst und Blasen wirft.

5. Die weiche Butter (Raumtemperatur) dazugeben und den Teig so lange kneten, bis er geschmeidig ist und seidig glänzt. Er soll elastisch und extrem dehnbar sein, ohne zu reißen.

6. Danach zugedeckt im Kühlschrank ca. 2 Stunden rasten lassen, gut durchkneten und über Nacht wieder in den Kühlschrank stellen. Den Teig erst dann weiterverarbeiten.

FEINES KAFFEE

UND TEEGEBÄCK

Rezept Nr. 586

Schirmkuchen

Zutaten:

Teig:

30 dag	Mehl
1 Pck.	**oetker** Germ
½	Kaffeel. Salz
2 dag	Zucker
1 Pck.	**oetker** Vanillin-Zucker
6	Tropfen **oetker** Aroma Zitrone
2	Dotter
5 dag	zerlassene Butter (Margarine)
ca. ⅛ l	lauwarme Milch

Zum Bestreichen:

3 dag	zerlassene Butter (Margarine)

Füllung:

12 dag	geriebene Wal- oder Haselnüsse
5 dag	Semmelbrösel
6 dag	Zucker
1 Pck.	**oetker** Vanillin-Zucker
1	Kaffeel. Zimt gemahlen
5	Tropfen **oetker** Aroma Rum
5 dag	Rosinen
$\frac{1}{16}$ l	heiße Milch
1 Eßl.	Langnese Bienenhonig
10 dag	Powidl

Streusel:

8 dag	Mehl
3 dag	Zucker
3 dag	**oetker** Patisserie Mandeln gemahlen
5 dag	Butter (Margarine)

Den Teig mit den angegebenen Zutaten nach Grundrezept (s. S. 9) zubereiten.
Die Hälfte des Teiges zu einer Scheibe ausrollen und eine gut befettete und mit Bröseln ausgestreute Springform (26 cm ∅) so auslegen, daß auch der Rand damit bedeckt ist.
Danach mit Butter bestreichen.
Für die Füllung die Zutaten der Reihe nach gut verrühren und die Hälfte auf dem Teigboden verteilen. Die Hälfte des restlichen Teiges zu einer Scheibe (26 cm ∅) ausrollen und auf die Nußfüllung legen. Wieder mit Butter bestreichen und mit der verbliebenen Füllung bedecken.
Den restlichen Teig ausrollen und auf den Kuchen legen.
Für den Streusel die Zutaten der Reihe nach in eine Rührschüssel geben und mit den Händen oder 2 Gabeln zu Streuseln vermengen.
Die Teigoberfläche zuerst mit Powidl bestreichen und dann mit Streuseln bestreuen.
Den Kuchen nochmals zugedeckt ca. 30 Min. gehen lassen und mehrmals mit einer Gabel einstechen.
Den Rost auf die unterste Schiene des Rohres schieben und die Form daraufstellen.

Backtemperatur
Strom: vorheizen und backen bei 170 Grad
Gas: vorheizen und backen bei 2
Backzeit: 60–65 Min.

Rezept Nr. 587

Oma's Kaffeekuchen

Zutaten:

Teig:

50 dag	Mehl
1 Pck.	**oetker** Germ
etwas	Salz
6 dag	Zucker
1 Pck.	**oetker** Vanillin-Zucker
½ Fl.	**oetker** Aroma Zitrone
2	Eier
8 dag	zerlassene Butter (Margarine)
¼ l	lauwarme Milch

Füllung:

8 Eßl.	Powidl

Zum Bestreichen:

1	versprudeltes Ei

Den Teig mit den angegebenen Zutaten nach Grundrezept (s. S. 9) zubereiten.
⅔ davon in 8 Teile schneiden, etwas ausrollen, mit Powidl füllen und zu Kugeln formen.
Diese auf einem befetteten Backblech zu einem Kreis zusammensetzen.
Aus dem restlichen Teig 16 kleine Kugeln formen und diese außerhalb und innerhalb des Teigkreises dazulegen.
Den Kuchen zugedeckt ca. 20 Min. gehen lassen, mit Ei bestreichen und in die Mitte des Rohres schieben.

Backtemperatur
Strom: vorheizen und backen bei 175 Grad
Gas: vorheizen und backen bei 2
Backzeit: 30–40 Min.

Rezept Nr. 588

Apfelkuchen mit Schneehaube

Zutaten:

Teig:

25 dag	Mehl
½ Pck.	**oetker** Germ
etwas	Salz
3 dag	Zucker
1 Pck.	**oetker** Vanillin-Zucker
3	Tropfen **oetker** Aroma Zitrone
2	Dotter
4 dag	zerlassene Butter (Margarine)
ca. ⅛ l	lauwarme Milch

Zum Bestreichen:

etwas	zerlassene Butter (Margarine)

Belag:

10 dag	Feinkristallzucker
1 Eßl.	Zimt gemahlen
80 dag	Äpfel
	Saft von 1 Zitrone

Schneehaube:

4	Eiklar
8 dag	Feinkristallzucker
3 dag	Staubzucker

Den Teig mit den angegebenen Zutaten nach Grundrezept (s. S. 9) zubereiten.
Danach auf einem gut befetteten Backblech ausrollen, mit Butter (Margarine) bestreichen und mit Zucker und Zimt gleichmäßig bestreuen.
Die Äpfel schälen, feinblättrig schneiden, mit Zitronensaft beträufeln und auf dem Teig verteilen.
Den Teig nochmals zugedeckt ca. 30 Min. gehen lassen und danach in die Mitte des Rohres schieben.

Backtemperatur
Strom: vorheizen und backen bei 175 Grad
Gas: vorheizen und backen bei 2
Backzeit: 25–30 Min.

Für die Schneehaube das Eiklar zu steifem Schnee schlagen, den Feinkristallzucker dazugeben und so lange weiterschlagen, bis ein Schnitt mit dem Messer sichtbar bleibt.
Den Schnee in einen Spritzsack füllen, als Gitter auf den Kuchen spritzen und mit Staubzucker bestreuen. Das Backblech nochmals in die Mitte des Rohres schieben und 10 Min. überbacken.

Rezept Nr. 589

Früchtekuchen

Zutaten:
Teig:
Germteiggrundrezept s. S. 8

Zum Bestreichen:
1 Eiklar

Füllung:
20 dag **oetker** Patisserie Haselnüsse gemahlen
4 Eßl. Rum
5 dag Zucker
1 Pck. **oetker** Vanillin-Zucker
4 dag Rosinen
4 dag kleingeschnittene, getrocknete Feigen
4 dag kleingeschnittene Datteln
4 dag kleingeschnittenes Zitronat
4 dag kleingeschnittene Aranzini
4 dag kleingeschnittene, getrocknete Marillen
4 dag kleingeschnittene Dörrzwetschken

Zum Bestreichen:
4 Eßl. passierte Marillenmarmelade

Glasur:
20 dag Staubzucker
1 Eßl. Zitronensaft
1–2 Eßl. heißes Wasser

Zum Bestreuen:
einige kleingehackte kandierte Kirschen
2 dag Pistazien

Den Teig nach Grundrezept (s. S. 8/9) zubereiten, ca. ½ cm dick ausrollen und mit Eiklar bestreichen. Für die Füllung die Zutaten der Reihe nach gut verrühren und gleichmäßig auf dem Teig verteilen. Danach der Länge nach einrollen und in eine gut befettete und mit Bröseln ausgestreute Guglhupfform legen.
Nochmals zugedeckt ca. 30 Min. gehen lassen und mit einer Gabel mehrmals einstechen.
Den Rost auf die unterste Schiene des Rohres schieben und die Form daraufstellen.

Backtemperatur
Strom: vorheizen und backen bei 170 Grad
Gas: vorheizen und backen bei 2
Backzeit: 60–65 Min.

Den Kuchen noch heiß mit Marillenmarmelade bestreichen. Für die Glasur den gesiebten Staubzucker mit so viel Zitronensaft und Wasser verrühren, daß eine glatte Masse entsteht.
Das Gebäck damit überziehen und mit kandierten Kirschen und Pistazien bestreuen.

Rezept Nr. 590

Nußschnitten

Zutaten:
Teig:
Mürber Germteig Grundrezept (s. S. 10)

Belag:
20 dag geriebene Walnüsse
10 dag Zucker
1 Pck. **oetker** Vanillin-Zucker
5 Eßl. Milch
5 Tropfen **oetker** Aroma Rum
5 dag zerlassene Butter (Margarine)
5 dag erweichte Schokolade
1 Kaffeel. Zimt gemahlen

Zum Verzieren:
5 dag erweichte Schokolade

Den Teig nach Grundrezept (s. S. 10/11) zubereiten und auf einem gut befetteten Backblech ausrollen. Für den Belag die Zutaten der Reihe nach gut verrühren und gleichmäßig auf dem Teigboden verteilen. Das Backblech in die Mitte des Rohres schieben.

Backtemperatur
Strom: vorheizen und backen bei 170 Grad
Gas: vorheizen und backen bei 2
Backzeit: 25–30 Min.

Das ausgekühlte Gebäck mit erweichter Schokolade verzieren und in beliebige Schnitten schneiden.

Rezept Nr. 591

Mandelguglhupf

Zutaten:

Teig:

50 dag	Mehl
1 Pck.	**oetker** Germ
½	Kaffeel. Salz
10 dag	Zucker
1 Pck.	**oetker** Vanille Zucker (aus echter Bourbon-Vanille)
3	Dotter
1	Ei
12 dag	zerlassene Butter (Margarine)
⅛ l	lauwarme Milch
10 dag	Rosinen
15 dag	**oetker** Patisserie Mandeln ganz – geschält

Den Teig mit den angegebenen Zutaten nach Grundrezept (s. S. 9) zubereiten und ca. 30 Min. gehen lassen. Danach die Rosinen unterkneten.
Eine Guglhupfform gut mit Butter bestreichen, mit Mandeln auslegen und mit Bröseln bestreuen.
Den Teig vorsichtig einfüllen und nochmals zugedeckt ca. 20 Min. gehen lassen.
Den Rost auf die unterste Schiene des Rohres schieben und die Form daraufstellen.

Backtemperatur
Strom: vorheizen und backen bei 170 Grad
Gas: vorheizen und backen bei 2
Backzeit: ca. 60 Min.

Den ausgekühlten Guglhupf mit Staubzucker bestreuen.

Rezept Nr. 592

Kranzkuchen

Zutaten:

Teig:

45 dag	Mehl
1 Pck.	**oetker** Germ
½	Kaffeel. Salz
5 dag	Zucker
1 Pck.	**oetker** Vanille Zucker (aus echter Bourbon-Vanille)
5	Tropfen **oetker** Aroma Zitrone
1	Ei
6 dag	zerlassene Butter (Margarine)
¼ l	lauwarme Milch

Zum Bestreichen:

1	versprudeltes Ei

Füllung:

1 Pck.	**oetker** Haselnußfülle
⅛ l	Milch

Zum Verzieren:

4–5 Eßl.	passierte Marillenmarmelade
3 dag	geriebene Walnüsse

Den Teig mit den angegebenen Zutaten nach Grundrezept (s. S. 9) zubereiten, ca. ½ cm dick ausrollen und mit Ei bestreichen.
Die Haselnußfülle mit der Milch verrühren, gleichmäßig auf der Teigplatte verstreichen und von der längeren Seite her einrollen.
Danach in eine gut befettete und mit Bröseln ausgestreute Kranzform (24 cm ∅) legen und zugedeckt nochmals ca. 30 Min. gehen lassen.
Die Oberfläche mit Ei bestreichen und einige Male einstechen.
Den Rost in die untere Hälfte des Rohres schieben und die Form daraufstellen.

Backtemperatur
Strom: vorheizen und backen bei 170 Grad
Gas: vorheizen und backen bei 2
Backzeit: 45–50 Min.

Den Kuchen noch heiß dünn mit Marmelade bestreichen und mit Walnüssen bestreuen.

Rezept Nr. 593

Apfelstrudel

Zutaten:

Teig:

30 dag	Mehl
½ Pck.	**oetker** Germ
etwas	Salz
2 dag	Zucker
1 Pck.	**oetker** Vanillin-Zucker
3	Tropfen **oetker** Aroma Zitrone
1	Ei
3 dag	zerlassene Butter (Margarine)
ca. ⅛ l	lauwarme Milch

Zum Bestreichen:

1	versprudeltes Ei

Füllung:

75 dag	Äpfel
1 Eßl.	Rum
	Saft von 1 Zitrone
10 dag	Zucker
1 Eßl.	Zimt gemahlen
5 dag	Rosinen

Zum Bestreuen:

3 dag	Staubzucker
etwas	Zimt gemahlen

Den Teig mit den angegebenen Zutaten nach Grundrezept (s. S. 9) zubereiten.
Für die Füllung die Äpfel schälen, feinblättrig schneiden und mit Rum und Zitronensaft beträufeln.
Den Teig ca. ½ cm dick ausrollen, mit Ei bestreichen, Äpfel, Zucker, Zimt und Rosinen gleichmäßig darauf verteilen und den Strudel von der längeren Seite her einrollen.
Danach auf ein befettetes Backblech legen und zugedeckt ca. 30 Min. gehen lassen. Den Strudel mit Ei bestreichen und an der Oberfläche einige Male einstechen.
Das Backblech in die Mitte des Rohres schieben.

Backtemperatur
Strom: vorheizen und backen bei 180 Grad
Gas: vorheizen und backen bei 2
Backzeit: 30–35 Min.

Den ausgekühlten Strudel mit Staubzucker-Zimt-Gemisch bestreuen.

Rezept Nr. 594

Wespennester

Zutaten:

Teig:

Germteiggrundrezept s. S. 8

Zum Bestreichen:

ca. 5 dag	zerlassene Butter (Margarine)

Füllung:

10 dag	Kristallzucker
5 dag	**oetker** Patisserie Mandel-Blättchen
10 dag	Rosinen

Zuckerglasur:

⅛ l	Wasser
10 dag	Zucker

Den Teig nach Grundrezept (s. S. 8/9) zubereiten, ca. 1 cm dick ausrollen und mit etwas Butter bestreichen. Mit Zucker, Mandelblättchen und Rosinen bestreuen und der Länge nach einrollen.
Von der Teigrolle ca. 5 cm breite Stücke abschneiden, diese mit Butter bestreichen und nicht zu dicht nebeneinander in eine gut befettete Pfanne legen.
Den Teig nochmals zugedeckt ca. 20 Min. gehen lassen.
Den Rost auf die unterste Schiene des Rohres schieben und die Pfanne daraufstellen.

Backtemperatur
Strom: vorheizen und backen bei 170 Grad
Gas: vorheizen und backen bei 2
Backzeit: 40–45 Min.

Für die Glasur Wasser und Zucker zu einer dickflüssigen Masse verkochen (ca. 15 Min.) und das Gebäck damit bestreichen.

Rezept Nr. 595

Briochegebäck

Zutaten:
Teig:
Briocheteiggrundrezept s. S. 16

Zum Bestreichen:

1	Dotter
1	Kaffeel. Milch

Den Teig nach Grundrezept (s. S. 16/17) zubereiten, zu einer Rolle formen und in ca. 15 Stücke teilen. Von jedem Teigstück ein Drittel abschneiden und jeweils eine große und eine kleine Kugel formen. Die großen Kugeln in gut befettete Brioche-Förmchen legen, in die Mitte eine Vertiefung eindrücken, mit Dottermilch bestreichen und die kleinen Kugeln hineinsetzen.
Die Brioches zugedeckt so lange gehen lassen, bis sie etwa doppelt so hoch sind und mit Dottermilch bestreichen.
Den Rost in die Mitte des Rohres schieben und die Förmchen daraufstellen.

Backtemperatur
Strom: vorheizen und backen bei 220 Grad
Gas: vorheizen und backen bei 4
Backzeit: 20–30 Min.

Vorsichtig aus den Förmchen lösen und auskühlen lassen.

Rezept Nr. 596

Mandeltorte

Zutaten:
Teig:
Mürber Germteig Grundrezept (s. S. 10)

Füllung:

3	Eiklar
6 dag	Kristallzucker
9 dag	Staubzucker
1 Pck.	**oetker** Vanillin-Zucker
20 dag	**oetker** Patisserie Mandeln gehackt
1	Kaffeel. Zimt gemahlen

Zum Bestreuen:

3 dag	Staubzucker
einige	**oetker** Patisserie Mandel-Blättchen

Den Teig nach Grundrezept (s. S. 10/11) zubereiten. Die Hälfte davon auf dem befetteten Boden einer Springform (24 cm ∅) ausrollen, den Springformrand aufsetzen und schließen.
Vom restlichen Teig eine Rolle formen, sie als Rand auf den Boden legen und so an die Form andrücken, daß der Rand ca. 3 cm hoch wird.
Für die Füllung das Eiklar zu steifem Schnee schlagen, nach und nach den Kristallzucker dazugeben und so lange weiterschlagen, bis ein Schnitt mit dem Messer sichtbar bleibt.
Staubzucker, Vanillin-Zucker und die mit Zimt gemischten Mandeln daraufgeben und vorsichtig unterheben.
Die Masse gleichmäßig auf dem Boden verteilen.
Den Rost auf die unterste Schiene des Rohres schieben und die Form daraufstellen.

Backtemperatur
Strom: vorheizen und backen bei 170 Grad
Gas: vorheizen und backen bei 2
Backzeit: 40– 45 Min.

HEISS GEBACKEN

WARM GEGESSEN

Rezept Nr. 597

Mandelringe

Zutaten:

Teig:

50 dag	Mehl
1 Pck.	**oetker** Germ
etwas	Salz
5 dag	Zucker
1 Pck.	**oetker** Vanillin-Zucker
½ Fl.	**oetker** Aroma Zitrone
3 Eßl.	Rum
2	Eier
1	Dotter
4 dag	zerlassene Butter (Margarine)
⅛ l	lauwarme Milch

Füllung:

10 dag	**oetker** Patisserie Back-Marzipan
5 dag	Zucker
1 Pck.	**oetker** Vanillin-Zucker
5 dag	**oetker** Patisserie Mandeln gehackt
1	Eiklar

Zum Ausbacken:

Öl, Kokosfett oder Schweineschmalz

Zum Verzieren:

15 dag	Staubzucker
2–3 Eßl.	Zitronensaft
3 Eßl.	geröstete **oetker** Patisserie Mandel-Blättchen

Den Teig mit den angegebenen Zutaten nach Grundrezept (s. S. 9) zubereiten und ca. ½ cm dick ausrollen. Danach Scheiben (8 cm ∅) ausstechen.
Für die Füllung die Zutaten der Reihe nach gut verrühren, in einen Spritzsack (kleine runde Tülle) füllen und kreisförmig auf die Hälfte der Scheiben spritzen. Dabei am Rand 1 cm frei lassen und diesen mit Wasser bestreichen.
Danach jeweils eine leere Scheibe darauflegen, die Ränder gut zusammendrücken und nochmals ausstechen. In der Mitte ein Loch (1–2 cm ∅) ausstechen, so daß Ringe entstehen.
Diese nochmals ca. 20 Min. gehen lassen.
In einer Kasserolle so viel Fett erhitzen, daß das Gefäß bis zur Hälfte gefüllt ist. Das Fett langsam erhitzen und während des Backens gleichmäßig heiß halten. Das Gebäck im heißen Fett auf beiden Seiten goldbraun backen und abtropfen lassen.
Für die Glasur den gesiebten Staubzucker mit so viel Zitronensaft verrühren, daß eine glatte Masse entsteht.
Die Ringe damit überziehen und mit Mandelblättchen bestreuen.

Rezept Nr. 598

Zuckerknoten

Zutaten:

Teig:

1 Pkg.	**oetker** Backmischung Germteig
2	Eier
8 dag	zerlassene Margarine
ca. ³⁄₁₆ l	lauwarme Milch

Zum Ausbacken:

Öl, Kokosfett oder Schweineschmalz

Zum Bestreuen:

3 dag	Staubzucker
etwas	Zimt gemahlen

Den Teig nach Anleitung auf der Packung zubereiten und in ca. 25 Stücke teilen. Diese zu 15 cm langen Röllchen formen und jede Rolle locker verknoten.
Das Gebäck nochmals ca. 20 Min. gehen lassen.
In einer Kasserolle so viel Fett erhitzen, daß das Gefäß bis zur Hälfte gefüllt ist. Das Fett langsam erhitzen und während des Backens gleichmäßig heiß halten. Die Knoten im heißen Fett auf beiden Seiten goldbraun backen, abtropfen lassen und mit Staubzucker-Zimt-Gemisch bestreuen.

Rezept Nr. 599

Vanillekrapfen

Zutaten:

Teig:

50 dag	Mehl
1 Pck.	**oetker** Germ
etwas	Salz
5 dag	Zucker
1 Pck.	**oetker** Vanillin-Zucker
½ Fl.	**oetker** Aroma Zitrone
5 Eßl.	Rum
4	Dotter
5 dag	zerlassene Butter (Margarine)
$\frac{1}{16}$ l	Obers
ca. ⅛ l	lauwarme Milch

Zum Ausbacken:

Öl, Kokosfett oder Schweineschmalz

Füllung:

1	Beutel **oetker** Vanille-Soße
2 Eßl.	Zucker
½ l	Milch
1–2 Eßl.	Rum

Den Teig mit den angegebenen Zutaten nach Grundrezept (s. S. 9) zubereiten, ca. 1 cm dick ausrollen und Scheiben (Krapfenausstecher) ausstechen.
Diese auf ein bemehltes Nudelbrett legen und an einem warmen Ort zugedeckt so lange gehen lassen, bis sie doppelt so hoch sind.
In einer Kasserolle so viel Fett erhitzen, daß das Gefäß bis zur Hälfte gefüllt ist. Das Fett langsam erhitzen und während des Backens gleichmäßig heiß halten. Die Krapfen in das Fett so einlegen, daß die am Brett unten gelegene Seite nach oben kommt.
Die Kasserolle anfangs zudecken, bis nach ca. 1 Min. die Unterseite der Krapfen schön goldbraun gebacken ist.
Die Krapfen umdrehen, auf der anderen Seite nicht zugedeckt fertigbacken und abtropfen lassen.
Für die Füllung die Vanille-Soße mit den angegebenen Zutaten nach Anleitung auf der Packung zubereiten, mit Rum verrühren und unter öfterem Umrühren auskühlen lassen.
Die Soße in einen Spritzsack (Krapfentülle) füllen, die Tülle vorsichtig in den weißen Rand des Krapfens stechen und mit etwas Soße füllen.
Angezuckert servieren.

Rezept Nr. 600

Germstrauben

Zutaten:

Teig:

50 dag	Mehl
1 Pck.	**oetker** Germ
etwas	Salz
10 dag	Zucker
1 Pck.	**oetker** Vanillin-Zucker
3	Eier
1	Kaffeel. Zimt gemahlen
etwas	Nelkenpulver
5 dag	zerlassene Butter (Margarine)
¼ l	lauwarme Milch
5 dag	Rosinen

Zum Ausbacken:

Öl, Kokosfett oder Schweineschmalz

Zum Bestreuen:

3 dag	Staubzucker
etwas	Zimt gemahlen

Den Teig mit den angegebenen Zutaten nach Grundrezept (s. S. 9) zubereiten und die Rosinen unterkneten.
Nach dem Gehen ca. ½ cm dick ausrollen und Quadrate (5 × 5 cm) ausschneiden.
Innerhalb der Quadrate vier 1 cm breite Streifen einschneiden.
In einer Kasserolle so viel Fett erhitzen, daß das Gefäß bis zur Hälfte gefüllt ist. Das Fett langsam erhitzen und während des Backens gleichmäßig heiß halten. Die Strauben auf einen Kochlöffelstiel durch Anheben jedes zweiten Teigstreifens auffädeln und im heißen Fett auf beiden Seiten goldbraun backen.
Abtropfen lassen und mit Staubzucker-Zimt-Gemisch bestreuen.

Rezept Nr. 601

Gebackene Brezeln

Zutaten:
Teig:

50 dag	Mehl
1 Pck.	**oetker** Germ
etwas	Salz
5 dag	Zucker
1 Pck.	**oetker** Vanillin-Zucker
1	Messersp. Piment gemahlen
1	Messersp. Ingwer gemahlen
3 Eßl.	Rum
½ Fl.	**oetker** Aroma Zitrone
1	Ei
8 dag	zerlassene Butter (Margarine)
ca. $\frac{3}{16}$ l	lauwarme Milch

Zum Ausbacken:
Öl, Kokosfett oder Schweineschmalz

Den Teig mit den angegebenen Zutaten nach Grundrezept (s. S. 9) zubereiten.
Nochmals durchkneten, in ca. 20 Stücke teilen und daraus Brezeln formen.
Diese zugedeckt ca. 20 Min. gehen lassen.
In einer Kasserolle so viel Fett erhitzen, daß das Gefäß bis zur Hälfte gefüllt ist. Das Fett langsam erhitzen und während des Backens gleichmäßig heiß halten. Die Brezeln im heißen Fett auf beiden Seiten goldbraun backen, abtropfen lassen und mit Staubzucker bestreuen.

Rezept Nr. 602

Safrangebäck

Zutaten:
Teig:

50 dag	Mehl
1 Pck.	**oetker** Germ
etwas	Salz
5 dag	Zucker
1 Pck.	**oetker** Vanillin-Zucker
½ Fl.	**oetker** Aroma Zitrone
3 Eßl.	Rum
2	Eier
10 dag	zerlassene Butter (Margarine)
⅛ l	lauwarme Milch
5–6	Safranfäden
2 Eßl.	Milch

Zum Ausbacken:
Öl, Kokosfett oder Schweineschmalz

Zum Bestreuen:

10 dag	Staubzucker
2 Pck.	**oetker** Vanille Zucker (aus echter Bourbon-Vanille)

Den Teig mit den angegebenen Zutaten nach Grundrezept (s. S. 9) zubereiten. Die Safranfäden in der Milch auflösen und zum Schluß dazugeben.
Den gegangenen Teig in 15 Stücke teilen, daraus verschiedene Gebäcke formen (Zöpfe, etc.) und nochmals ca. 20 Min. gehen lassen.
In einer Kasserolle so viel Fett erhitzen, daß das Gefäß bis zur Hälfte gefüllt ist. Das Fett langsam erhitzen und während des Backens gleichmäßig heiß halten. Das Gebäck im heißen Fett auf beiden Seiten goldbraun backen, abtropfen lassen und mit Staubzucker-Vanille Zucker-Gemisch bestreuen.

Rezept Nr. 603

Nußbuchteln mit Karamelsauce

Zutaten:

Teig:

1 Pkg.	**oetker** Backmischung Germteig
2	Eier
8 dag	zerlassene Margarine
¼ l	lauwarme Milch

Füllung:

15 dag	geriebene Wal- oder Haselnüsse
10 dag	Zucker
1 Pck.	**oetker** Vanille Zucker (aus echter Bourbon-Vanille)
1	Kaffeel. Zimt gemahlen
5	Tropfen **oetker** Aroma Rum
1 Eßl.	Langnese Bienenhonig
$\frac{1}{16}$ l	heiße Milch

Zum Bestreichen:

etwas	zerlassene Butter (Margarine)

Karamelsauce:

10 dag	Zucker
½ l	Milch
1	Beutel **oetker** Vanille-Soße

Den Teig nach Anleitung auf der Packung zubereiten.
Für die Füllung die Zutaten der Reihe nach gut verrühren.
Den Teig zu einer Rolle (3 cm ∅) formen und 5 cm lange Stücke abschneiden.
Diese flach drücken, in die Mitte einen Kaffeelöffel Nußfüllung geben und die Enden der Buchteln gut zusammendrücken.
Mit Butter (Margarine) bestreichen und nicht zu dicht nebeneinander in eine gut befettete Pfanne legen. Den Teig nochmals an einem warmen Ort ca. 15 Min. gehen lassen.
Den Rost auf die unterste Schiene des Rohres schieben und die Pfanne daraufstellen.

Backtemperatur
Strom: vorheizen und backen bei 170 Grad
Gas: vorheizen und backen bei 2
Backzeit: 40–45 Min.

Für die Sauce den Zucker schmelzen, die Milch dazugeben und so lange kochen, bis der Zucker gelöst ist.
Den Topf von der Kochstelle nehmen, das Soßenpulver mit einem Schneebesen in die Milch einrühren und ca. 2 Min. kräftig rühren (den Topf nicht wieder auf die Kochstelle geben).
Die Buchteln mit Staubzucker bestreuen und mit Karamelsauce servieren.

Rezept Nr. 604

Birnennester

Zutaten:

Teig:

1 Pkg.	**oetker** Backmischung Germteig
2	Eier
8 dag	zerlassene Margarine
$\frac{3}{16}$ l	lauwarme Milch

Butterziegel:

15 dag	Butter
3 dag	glattes Mehl

Zum Bestreichen:

1	versprudeltes Ei

Zum Belegen:

1 kg	gedünstete Birnenhälften

Vanillesauce:

1 Pck.	**oetker** Vanille-Soße
4 Eßl.	Zucker
1 l	Milch

Den Teig nach Anleitung auf der Packung zubereiten, zu einem Rechteck (30 × 25 cm) ausrollen und wie Plunderteig (s. S. 13 ab Punkt 4) weiterverarbeiten.
Dann ½ cm dick ausrollen, mit Ei bestreichen und mit den Birnenhälften so belegen, daß jeweils 3 cm Zwischenraum vorhanden ist.
Von den Teigresten Blätter ausschneiden, mit Ei bestreichen und aufkleben.
Den Teig auf ein befettetes Backblech legen und nochmals zugedeckt ca. 20 Min. gehen lassen.
Das Backblech in die Mitte des Rohres schieben.

Backtemperatur
Strom: vorheizen und backen bei 180 Grad
Gas: vorheizen und backen bei 2
Backzeit: 15–20 Min.

Die Vanille-Soße nach Anleitung auf dem Päckchen zubereiten und zu den Birnennestern servieren.

Rezept Nr. 605

Russische Baba

Zutaten:

Teig:

35 dag	Mehl
1 Pck.	**oetker** Germ
½	Kaffeel. Salz
4 dag	Zucker
1 Pck.	**oetker** Vanille Zucker (aus echter Bourbon-Vanille)
6	Tropfen **oetker** Aroma Zitrone
2	Eier
2	Dotter
1/16 l	Obers
10 dag	zerlassene Butter (Margarine)
⅛ l	lauwarme Milch

Zum Tränken:

¼ l	Wasser
	Saft von 1 Orange
15 dag	Zucker
5 Eßl.	Rum

Schokoladesauce:

⅛ l	Milch
10 dag	Schokolade

Zum Garnieren:

25 dag	Obst nach Belieben

Das Mehl in eine Rührschüssel sieben und mit der Germ gut vermischen.
In die Mitte eine Vertiefung eindrücken und Salz, Zucker, Vanille Zucker, Aroma, Eier, Dotter, Obers, Butter (Margarine) und Milch hineingeben und mit dem Handmixer (Knethaken) auf höchster Stufe so lange kneten, bis sich der Teig von der Schüssel löst.
Den Teig zugedeckt an einem warmen Ort ca. 30 Min. gehen lassen.
Kleine Förmchen gut befetten, mit Bröseln ausstreuen und den Teig bis zur Hälfte einfüllen.
Nochmals zugedeckt ca. 15 Min. gehen lassen.
Den Rost auf die zweitunterste Schiene des Rohres schieben und die Förmchen daraufstellen.

Backtemperatur
Strom: vorheizen und backen bei 180 Grad
Gas: vorheizen und backen bei 2
Backzeit: 30–35 Min.

Wasser, Orangensaft und Zucker aufkochen, mit Rum verrühren und das Gebäck noch heiß damit tränken.
Für die Schokoladesauce Milch und die in Stücke gebrochene Schokolade aufkochen lassen.
Die Babas mit Schokoladesauce übergießen und mit Obst garnieren.

F E S T L I C H E S

GERMGEBÄCK

Rezept Nr. 606

Weihnachtsstollen

Zutaten:

Teig:

50 dag	Mehl
1 Pck.	**oetker** Germ
etwas	Salz
5 dag	Zucker
1 Pck.	**oetker** Vanillin-Zucker
½ Fl.	**oetker** Aroma Zitrone
1	Ei
ca. 3/16 l	lauwarme Milch
20 dag	weiche Butter (Margarine)
10 dag	glattes Mehl
10 dag	Rosinen
5 dag	Korinthen
4 dag	**oetker** Patisserie Mandeln gehackt
6 dag	grobgehacktes Zitronat
4 dag	grobgehackte Aranzini

Zum Bestreichen:

10 dag zerlassene Butter

Zum Bestreuen:

10 dag Staubzucker

¾ des Mehls in eine Rührschüssel sieben und mit der Germ gut vermischen.
In die Mitte eine Vertiefung eindrücken, Salz, Zucker, Vanillin-Zucker, Aroma, Ei und Milch hineingeben und mit dem Handmixer (Knethaken) so lange kneten, bis sich der Teig von der Schüssel löst.
Den Rest des Mehls unterkneten und den Teig zugedeckt an einem warmen Ort ca. 15 Min. gehen lassen.
Butter und Mehl gut verrühren und in den Teig kneten. Zugedeckt nochmals ca. 15 Min. gehen lassen und danach die Früchte einarbeiten.
Den Teig halbieren und daraus zwei Stollen formen. Diese auf ein mit Backpapier ausgelegtes Backblech legen und nochmals ca. 20 Min. gehen lassen.
Das Backblech in die Mitte des Rohres schieben.

Backtemperatur
Strom: vorheizen und backen bei 180 Grad
Gas: vorheizen und backen bei 2
Backzeit: 50–60 Min.

Die Stollen noch heiß mit Butter bestreichen und mit Zucker bestreuen.

Rezept Nr. 607

Weihnachtsmann

Zutaten:

Teig:

1 Pkg.	**oetker** Backmischung Germteig
2	Eier
8 dag	zerlassene Margarine
ca. 3/16 l	lauwarme Milch

Zum Bestreichen:

1 versprudeltes Ei

Glasur:

10 dag Staubzucker
2–3 Eßl. Eiklar

Den Teig nach Anleitung auf der Packung zubereiten.
Daraus nach Belieben einen Weihnachtsmann formen.
Diesen auf ein mit Backpapier ausgelegtes Backblech legen, zugedeckt nochmals ca. 20 Min. gehen lassen und mit Ei bestreichen.
Das Backblech in die Mitte des Rohres schieben.

Backtemperatur
Strom: vorheizen und backen bei 175 Grad
Gas: vorheizen und backen bei 2
Backzeit: 20–30 Min.

Den gesamten Staubzucker mit so viel Eiklar verrühren, daß eine dickflüssige, glatte Masse entsteht. Den ausgekühlten Weihnachtsmann damit verzieren.

Rezept Nr. 608

Neujahrsbrezeln

Zutaten:
Teig:
Plunderteiggrundrezept s. S. 12

Zum Bestreichen:
1 versprudeltes Ei

Zum Garnieren:
10 dag passierte Marillenmarmelade
etwas **oetker** Decor Hagelzucker

Den Teig nach Grundrezept (s. S. 12/13) zubereiten und ca. 3 mm dick ausrollen.
Danach in ca. 2 cm breite Streifen schneiden.
Diese spiralförmig drehen, zu Brezeln formen und auf ein mit Backpapier ausgelegtes Backblech legen. Zugedeckt ca. 20 Min. gehen lassen und mit Ei bestreichen.
Das Backblech in die Mitte des Rohres schieben.

Backtemperatur
Strom: vorheizen und backen bei 180 Grad
Gas: vorheizen und backen bei 2
Backzeit: 25–30 Min.

Die Brezeln noch warm dünn mit Marmelade bestreichen und mit Hagelzucker bestreuen.

Rezept Nr. 609

Gefüllter Tannenbaum

Zutaten:
Teig:
1 Pkg. **oetker** Backmischung Germteig
2 Eier
8 dag zerlassene Margarine
¼ l lauwarme Milch

Füllung:
10 dag **oetker** Patisserie Haselnüsse gemahlen
3 dag Zucker
1 Pck. **oetker** Vanillin-Zucker
etwas Zimt gemahlen
2–3 Eßl. Milch
Zum Bestreichen:
1 versprudeltes Ei

Zum Verzieren:
2 Eßl. Marillenmarmelade
3 dag Staubzucker
5 dag erweichte Schokolade
etwas **oetker** Decor Hagelzucker

Den Teig nach Anleitung auf der Packung zubereiten und ca. ½ cm dick ausrollen.
Aus der Teigplatte zwei Tannenbäume (Schablone) ausradeln.
Für die Füllung die Zutaten der Reihe nach gut verrühren und auf einem Baum verstreichen. Die Ränder dabei frei lassen und mit Ei bestreichen.
Den zweiten Baum darauflegen und die Ränder gut zusammendrücken.
Für die Verzierungen aus den Teigresten verschiedene Figuren ausstechen.
Den Baum und die Figuren auf ein mit Backpapier ausgeleges Backblech legen, zugedeckt ca. 20 Min. gehen lassen und mit Ei bestreichen.
Das Backblech in die Mitte des Rohres schieben.

Backtemperatur
Strom: vorheizen und backen bei 175 Grad
Gas: vorheizen und backen bei 2
Backzeit: 25–30 Min.
Figuren: 10–15 Min.

Den Baum noch warm dünn mit Marmelade bestreichen und mit Staubzucker bestreuen.
Mit erweichter Schokolade, Hagelzucker und den Figuren verzieren.

Rezept Nr. 610

Glücksschweinderl

Zutaten:

Teig:

50 dag	Mehl
1 Pck.	oetker Germ
etwas	Salz
6 dag	Zucker
1 Pck.	oetker Vanillin-Zucker
1	Ei
6 dag	zerlassene Butter (Margarine)
ca. ¼ l	lauwarme Milch

abgeriebene Schale von 1 Zitrone

Füllung:

20 dag	oetker Patisserie Haselnüsse gemahlen
15 dag	Zucker
1 Pck.	oetker Vanillin-Zucker
etwas	Zimt gemahlen
½ Fl.	oetker Aroma Rum
1	Eiklar
ca. ¹⁄₁₆ l	Milch

Zum Bestreichen:

1	Dotter
2 Eßl.	Milch

Den Teig mit den angegebenen Zutaten nach Grundrezept (s. S. 9) zubereiten und ca. ½ cm dick ausrollen.
Danach 20–30 Scheiben (8 cm ∅) und 10–15 Scheiben (4 cm ∅) ausstechen.
Aus dem restlichen Teig Ohren formen.
Für die Füllung die Zutaten der Reihe nach verrühren und die Hälfte der großen Scheiben damit bestreichen.
Die Ränder mit Dottermilch bestreichen, eine zweite Scheibe darauflegen und die Ränder gut zusammendrücken.
Aus den kleinen Scheiben die Schnauze mit Nasenlöchern formen und aufsetzen.
Links und rechts der großen Scheiben die Ohren andrücken und Rosinen als Augen einsetzen.
Die Schweinderln mit Dottermilch bestreichen, auf ein befettetes Backblech legen und 10–15 Min. gehen lassen.
Das Backblech in die Mitte des Rohres schieben.

Backtemperatur
Strom: vorheizen und backen bei 200 Grad
Gas: vorheizen und backen bei 3
Backzeit: 15–20 Min.

Rezept Nr. 611

Glücksbringer

Zutaten:

Teig:

1 Pkg.	oetker Backmischung Germteig
2	Eier
8 dag	zerlassene Margarine
¼ l	lauwarme Milch

Zum Bestreichen:

1	versprudeltes Ei

Zum Verzieren:

10 dag	Staubzucker
1–2 Eßl.	Zitronensaft
etwas	oetker Decor Hagelzucker

Den Teig nach Anleitung auf der Packung zubereiten und ca. ½ cm dick ausrollen.
Danach Scheiben (8 cm und 3 cm ∅) ausstechen. Die großen Scheiben etwas in die Länge ziehen.
Die kleinen Scheiben etwas einschneiden und als Schwanzflosse mit Ei an die großen Scheiben kleben. Für die Schuppen die Teigoberfläche mit einer Schere leicht einschneiden.
Die Fische auf ein mit Backpapier ausgelegtes Backblech legen, zugedeckt ca. 20 Min. gehen lassen und mit Ei bestreichen.
Das Backblech in die Mitte des Rohres schieben.

Backtemperatur
Strom: vorheizen und backen bei 175 Grad
Gas: vorheizen und backen bei 2
Backzeit: 20–30 Min.

Für die Glasur den gesiebten Staubzucker mit so viel Zitronensaft verrühren, daß eine glatte Masse entsteht. Die Fische mit Zitronenglasur und Hagelzucker verzieren.

Rezept Nr. 612

Osterpinze

Zutaten:
Teig:

50 dag	Mehl
1 Pck.	**oetker** Germ
etwas	Salz
6 dag	Zucker
1 Pck.	**oetker** Vanillin-Zucker
½ Fl.	**oetker** Aroma Zitrone
1	Messersp. Muskatnuß gerieben
1	Messersp. Piment gemahlen
2	Eier
10 dag	zerlassene Butter (Margarine)
ca. ¼ l	lauwarme Milch
5 dag	Rosinen

Zum Bestreichen:

1	versprudeltes Ei

Den Teig mit den angegebenen Zutaten nach Grundrezept (s. S. 9) zubereiten und die Rosinen unterkneten. Nach dem Gehen in vier Stücke teilen, jedes Stück zu einer Kugel formen und in eine am Boden befettete Springform (26 cm ∅) legen.
Zugedeckt nochmals ca. 20 Min. gehen lassen und mit Ei bestreichen.
Den Rost in die Mitte des Rohres schieben und die Form daraufstellen.

Backtemperatur
Strom: vorheizen und backen bei 175 Grad
Gas: vorheizen und backen bei 2
Backzeit: 35–40 Min.

Rezept Nr. 613

Osterlämmer

Zutaten:
Teig:
Germteiggrundrezept s. S. 8

Zum Bestreichen:

1	versprudeltes Ei

Zum Bestreuen:

etwas	Staubzucker

Den Teig nach Grundrezept (s. S. 8/9) zubereiten und halbieren.
Aus jeweils der Hälfte des Teiges Rumpf, Kopf und Beine formen, mit Ei bestreichen und zusammenkleben. Aus der zweiten Hälfte für das Fell dünne Rollen (4 cm lang) formen, diese zu Schnecken drehen, ebenfalls mit Ei bestreichen und auf den Rumpf kleben. Die Lämmer auf ein mit Backpapier ausgelegtes Backblech legen und zugedeckt nochmals 20 Min. gehen lassen.
Mit Ei bestreichen und in die Mitte des Rohres schieben.

Backtemperatur
Strom: vorheizen und backen bei 170 Grad
Gas: vorheizen und backen bei 2
Backzeit: 30–35 Min.

Auskühlen lassen und mit Staubzucker bestreuen.

Rezept Nr. 614

Geflochtener Osterkorb

Zutaten:

Teig:

1 kg	Mehl
2 Pck.	**oetker** Germ
etwas	Salz
15 dag	Zucker
1 Pck.	**oetker** Vanillin-Zucker
1 Fl.	**oetker** Aroma Zitrone
2	Eier
5 dag	zerlassene Butter (Margarine)
½ l	lauwarme Milch

Zum Bestreichen:

1	versprudeltes Ei

Zuckerglasur:

10 dag	Staubzucker
2–3 Eßl.	heißes Wasser

Den Teig mit den angegebenen Zutaten nach Grundrezept (s. S. 9) zubereiten, in 26 gleich große Stücke teilen und zu einem Korb formen.
1. Aus 16 Stücken ca. 30 cm lange Stränge formen und von der Mitte aus beginnend ein Gitter flechten.
2. Eine feuerfeste Schüssel (ca. 17 cm ∅) außen befetten, mit dem Gitter umhüllen und überstehende Teile abschneiden.
Zwei Teigstränge im Umfang des Schüsselrandes zu einer Kordel drehen.
3. Den Korb auf ein befettetes Backblech setzen, die Kordel um den Rand legen und die Enden gut zusammendrücken.
4. Für den Sockel nochmals 3 Stränge (ca. 40 cm lang) zu einem Zopf flechten. Diesen um einen vorbereiteten Ring aus Alufolie legen und mit Ei zusammenkleben.
Für den oberen Rand des Korbes 3 Stränge (ca. 60 cm lang) zu einem Zopf flechten und mit Ei zu einem Ring zusammenkleben.
Für den Henkel 2 lange dünne Teigstränge zu einer Kordel drehen, einen starken Draht in Henkelform biegen und in die Kordel stecken.
Die Drahtenden frei lassen, sie werden später mit dem Henkel in den Korb gesteckt.
Alle Teile auf ein befettetes Backblech legen und mit Ei bestreichen.
Das Backblech in die Mitte des Rohres schieben.

Backtemperatur
Strom: vorheizen und backen bei 180 Grad
Gas: vorheizen und backen bei 2
Backzeit: Korb 35–40 Min.
Einzelteile ca. 25 Min.

Für die Glasur den gesiebten Staubzucker mit so viel Wasser verrühren, daß eine glatte Masse entsteht.
Die Teile gut auskühlen lassen und mit Glasur zu einem Korb zusammensetzen.

1.

2.

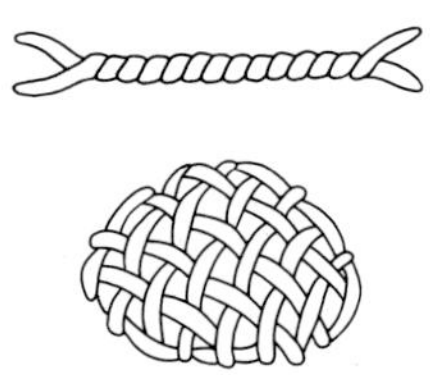

3.

4.

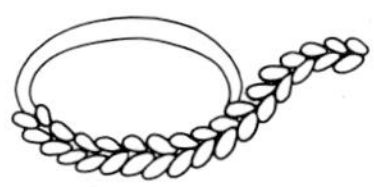

Rezept Nr. 615

Briochezwerge

Zutaten:

Teig:

Briocheteiggrundrezept s. S. 16

Zum Bestreichen:

1	Dotter
1	Kaffeel. Milch

Zum Verzieren:

25 dag	**oetker** Patisserie Back-Marzipan
10 dag	Staubzucker
1 Eßl.	Kakao
	rote und blaue Zuckerschrift

Den Teig nach Grundrezept (s. S. 16/17) zubereiten und 15–20 Stück Brioches (s. Rezept Nr. 595) backen.
Zum Verzieren die Marzipanrohmasse mit Staubzucker zu einer glatten Masse verkneten und ⅔ davon mit Kakao einfärben.
Die dunkle Masse dünn ausrollen, Scheiben ausstechen und daraus Hüte formen.
Aus dem hellen Marzipan Bärte ausschneiden.
Die Hüte und Bärte mit etwas Wasser bestreichen und auf die ausgekühlten Brioches kleben.
Mit Zuckerschrift Nase, Mund und Augen aufspritzen.

Rezept Nr. 616

Germteig-Enten

Zutaten:

Teig:

1 Pkg.	**oetker** Backmischung Germteig
2	Eier
8 dag	zerlassene Margarine
¼ l	lauwarme Milch

Zum Bestreichen:

1	versprudeltes Ei

Zum Verzieren:

2–3 Eßl.	passierte Marillenmarmelade
etwas	**oetker** Decor Hagelzucker

Den Teig nach Anleitung auf der Packung zubereiten und ca. ½ cm dick ausrollen.
Danach Scheiben (8 cm, 4 cm und 2 cm ∅) ausstechen.
Jeweils drei Scheiben mit Ei zu einer Ente zusammenkleben.
Die Enten auf ein mit Backpapier ausgelegtes Backblech legen, zugedeckt ca. 20 Min. gehen lassen und mit Ei bestreichen.
Das Backblech in die Mitte des Rohres schieben.

Backtemperatur
Strom: vorheizen und backen bei 175 Grad
Gas: vorheizen und backen bei 2
Backzeit: 20–30 Min.

Die Enten mit Marmelade und Hagelzucker verzieren.

EINFACH, SCH

NELL UND GUT

Rezept Nr. 617

Schneckenkuchen

Zutaten:

Teig:

1 Pkg.	**oetker** Backmischung Germteig
1	Ei
8 dag	zerlassene Margarine
¼ l	lauwarme Milch

Füllung:

10 dag	Rosinen
3 Eßl.	Rum
20 dag	**oetker** Patisserie Haselnüsse gemahlen
1	Kaffeel. Zimt gemahlen
10 dag	Zucker
1 Pck.	**oetker** Vanillin-Zucker
5 Eßl.	Milch

Zum Bestreichen:

3–4 Eßl.	passierte Marillenmarmelade

Den Teig nach Anleitung auf der Packung zubereiten und zu einem Quadrat (50 × 50 cm) ausrollen.
Für die Füllung die Zutaten der Reihe nach gut verrühren, gleichmäßig auf der Teigplatte verstreichen und diese in 5 cm breite Streifen schneiden.
Einen Streifen einrollen und die restlichen herumwickeln.
Den Kuchen in eine gut befettete Springform (24 cm ∅) legen, etwas flach drücken und zugedeckt ca. 30 Min. gehen lassen.
Den Rost auf die unterste Schiene des Rohres schieben und die Form daraufstellen.

Backtemperatur
Strom: vorheizen und backen bei 175 Grad
Gas: vorheizen und backen bei 2
Backzeit: 50–60 Min.

Den Kuchen noch heiß mit Marillenmarmelade bestreichen.

Rezept Nr. 618

Marzipanzopf

Zutaten:

Teig:

1 Pkg.	**oetker** Backmischung Germteig
1	Ei
1	Dotter
8 dag	zerlassene Margarine
¼ l	lauwarme Milch

Füllung:

20 dag	**oetker** Patisserie Back-Marzipan
10 dag	**oetker** Patisserie Mandeln gemahlen
15 dag	Zucker
1 Pck.	**oetker** Vanillin-Zucker
1	Eiklar
	Saft von 1 Zitrone

Zum Bestreichen:

1	versprudeltes Ei

Zum Bestreuen:

etwas	Staubzucker

Den Teig nach Anleitung auf der Packung zubereiten und zu einem Rechteck (30 × 50 cm) ausrollen.
Für die Füllung die Zutaten der Reihe nach gut verrühren.
Den Teig der Länge nach in drei Teile schneiden und jeweils ⅓ der Füllung gleichmäßig darauf verstreichen.
Jeden Streifen der Länge nach einrollen, die Ränder mit Ei bestreichen und zusammenkleben.
Aus den drei Rollen einen Zopf flechten, diesen auf ein befettetes Backblech legen und zugedeckt ca. 20 Min. gehen lassen.
Mit Ei bestreichen und in die Mitte des Rohres schieben.

Backtemperatur
Strom: vorheizen und backen bei 175 Grad
Gas: vorheizen und backen bei 2
Backzeit: 40–50 Min.

Den ausgekühlten Zopf mit Staubzucker bestreuen.

Rezept Nr. 619

Schwarzbeerfleck

Zutaten:

Teig:

1 Pkg.	**oetker** Backmischung Germteig
2	Eier
8 dag	zerlassene Margarine
ca. ¼ l	lauwarme Milch

Belag:

ca. 80 dag	Heidelbeeren

Zum Bestreuen:

etwas	Staubzucker

Den Teig nach Anleitung auf der Packung zubereiten. Danach ca. 1 cm dick ausrollen, auf ein befettetes Backblech legen und die Heidelbeeren gleichmäßig darauf verteilen. Den Teig zugedeckt ca. 20 Min. gehen lassen. Das Backblech in die Mitte des Rohres schieben.

Backtemperatur
Strom: vorheizen und backen bei 175 Grad
Gas: vorheizen und backen bei 2
Backzeit: 35–45 Min.

Den Kuchen in beliebige Stücke schneiden und mit Staubzucker bestreuen.

Rezept Nr. 620

Ochsenaugen

Zutaten:

Teig:

1 Pkg.	**oetker** Backmischung Germteig
2	Eier
8 dag	zerlassene Margarine
¼ l	lauwarme Milch

Zum Bestreichen:

1	versprudeltes Ei

Belag:

ca. 50 dag	gedünstete Marillenhälften
einige	**oetker** Patisserie Mandel-Stifte

Den Teig nach Anleitung auf der Packung zubereiten, ca. ½ cm dick ausrollen und Scheiben ausstechen.
Mit Ei bestreichen, mit einer gut abgetropften Marillenhälfte belegen und mit Mandelstiften bestreuen.
Die Scheiben auf ein mit Backpapier ausgelegtes Backblech legen und zugedeckt ca. 20 Min. gehen lassen.
Das Backblech in die Mitte des Rohres schieben.

Backtemperatur
Strom: vorheizen und backen bei 175 Grad
Gas: vorheizen und backen bei 2
Backzeit: 20–30 Min.

Rezept Nr. 621

Germknödel

Zutaten:

Teig:

1 Pkg.	**oetker** Backmischung Germteig
1	Ei
8 dag	zerlassene Margarine
¼ l	lauwarme Milch

Füllung:

10 dag	Powidl

Zum Bestreuen:

15 dag	heiße Butter
etwas	geriebener Mohn
etwas	Staubzucker

Den Teig nach Anleitung auf der Packung zubereiten. Nochmals durchkneten und zu einer armdicken Rolle formen.
Davon 15–20 Stücke abschneiden, mit Powidl füllen, die Enden gut zusammendrücken und zu Knödeln formen. Diese auf ein bemehltes Tuch legen und zugedeckt ca. 20 Min. gehen lassen.
Die Knödel in kochendes Salzwasser legen und auf jeder Seite 3 Min. kochen.
Mit Butter übergießen, mit Mohn-Zucker-Gemisch bestreuen und sofort servieren.

Rezept Nr. 622

Powidlschlingen

Zutaten:

Teig:

1 Pkg.	**oetker** Backmischung Germteig
2	Eier
8 dag	zerlassene Margarine
¼ l	lauwarme Milch

Füllung:

ca. 10 dag	Powidl

Zum Bestreichen:

1	versprudeltes Ei

Zum Bestreuen:

etwas	**oetker** Decor Hagelzucker

1. Den Teig nach Anleitung auf der Packung zubereiten, ca. ½ cm dick ausrollen und Quadrate (10 × 10 cm) ausradeln.
2. In diese Quadrate einen 1 cm breiten Rand so einschneiden, daß zwei gegenüberliegende Ecken nicht durchtrennt sind.
3. In die Mitte der inneren Quadrate etwas Powidl geben, die Ränder über der Füllung kreuzen und die Teigecken zusammendrücken.

Die Schlingen auf ein mit Backpapier ausgelegtes Backblech legen und zugedeckt ca. 20 Min. gehen lassen. Mit Ei bestreichen und mit Hagelzucker bestreuen. Das Backblech in die Mitte des Rohres schieben.

Backtemperatur
Strom: vorheizen und backen bei 175 Grad
Gas: vorheizen und backen bei 2
Backzeit: 20–30 Min.

1. 2. 3.

Rezept Nr. 623

Mandelkuchen

Zutaten:

Teig:

1 Pkg.	**oetker** Backmischung Germteig
1	Ei
8 dag	zerlassene Margarine
¼ l	lauwarme Milch

Füllung:

20 dag	**oetker** Patisserie Mandeln gemahlen
10 dag	Zucker
1 Pck.	**oetker** Vanillin-Zucker
1	Kaffeel. Zimt gemahlen
5 dag	Rosinen
1/16 l	heiße Milch
2 Eßl.	Rum

Zum Bestreichen:

1	versprudeltes Ei

Zum Bestreuen:

3 dag	**oetker** Patisserie Mandel-Blättchen

Den Teig nach Anleitung auf der Packung zubereiten und ca. ½ cm dick ausrollen.
Für die Füllung die Zutaten der Reihe nach gut verrühren und gleichmäßig auf der Teigplatte verstreichen. Den Teig von der längeren Seite her einrollen, zu einem Kipfel formen und auf ein befettetes Backblech legen.
Den äußeren Rand in Abständen von 3 cm 2 cm tief einschneiden.
Das Kipfel zugedeckt ca. 20 Min. gehen lassen, mit Ei bestreichen und mit Mandelblättchen bestreuen.
Das Backblech in die Mitte des Rohres schieben.

Backtemperatur
Strom: vorheizen und backen bei 175 Grad
Gas: vorheizen und backen bei 2
Backzeit: 40–50 Min.

Rezept Nr. 624

Mohnstrudel

Zutaten:

Teig:

1 Pkg.	**oetker** Backmischung Germteig
1	Ei
8 dag	zerlassene Margarine
¼ l	lauwarme Milch

Füllung:

1/16 l	Milch
7 dag	Butter (Margarine)
12 dag	Zucker
1 Pck.	**oetker** Vanillin-Zucker
6	Tropfen **oetker** Aroma Zitrone
20 dag	geriebener Mohn
8 dag	Rosinen

Zum Bestreichen:

1	versprudeltes Ei

Den Teig nach Anleitung auf der Packung zubereiten und ca. ½ cm dick ausrollen.
Für die Füllung Milch, Butter, Zucker, Vanillin-Zucker und Aroma aufkochen, Mohn und Rosinen unterrühren und gleichmäßig auf der Teigplatte verstreichen.
Den Teig von der längeren Seite her einrollen und auf ein befettetes Backblech legen.
Zugedeckt ca. 20 Min. gehen lassen, mit Ei bestreichen und an der Oberfläche einige Male einstechen.
Das Backblech in die Mitte des Rohres schieben.

Backtemperatur
Strom: vorheizen und backen bei 175 Grad
Gas: vorheizen und backen bei 2
Backzeit: 40–45 Min.

Rezept Nr. 625

Kärntner Reindling

Zutaten:

Teig:

1 Pkg.	**oetker** Backmischung Germteig
2	Eier
8 dag	zerlassene Margarine
¼ l	lauwarme Milch

Füllung:

15 dag	Grobkristallzucker
3 dag	Zimt gemahlen
15 dag	Rosinen

Zum Bestreuen:

etwas	Staubzucker

Den Teig nach Anleitung auf der Packung zubereiten und ca. ½ cm dick ausrollen.
Zucker, Zimt und Rosinen gleichmäßig darauf verteilen.
Die Teigplatte von der längeren Seite her einrollen, zu einer Schnecke formen und in eine befettete Springform (24 cm ∅) legen.
Zugedeckt ca. 15 Min. gehen lassen, mit etwas Milch bestreichen und an der Oberfläche einige Male einstechen.
Den Rost auf die unterste Schiene des Rohres schieben und die Form daraufstellen.

Backtemperatur
Strom: vorheizen und backen bei 175 Grad
Gas: vorheizen und backen bei 2
Backzeit: 40–45 Min.

Den ausgekühlten Reindling mit Staubzucker bestreuen.

Rezept Nr. 626

Nußstollen

Zutaten:

Teig:

1 Pkg.	**oetker** Backmischung Germteig
1	Ei
8 dag	zerlassene Margarine
¼ l	lauwarme Milch

Füllung:

1 Pck.	**oetker** Haselnußfülle
⅛ l	Milch

Zum Bestreuen:

etwas	Staubzucker

Den Teig nach Anleitung auf der Packung zubereiten und ca. ½ cm dick ausrollen.
Die Haselnußfülle mit der Milch verrühren und gleichmäßig auf der Teigplatte verstreichen.
Den Teig von zwei Seiten gleichzeitig einrollen, so daß die beiden Rollen in der Mitte zusammentreffen.
Den Stollen in eine gut befettete Kastenform legen und zugedeckt ca. 20 Min. gehen lassen.
Mit Milch bestreichen und an der Oberfläche einige Male einstechen.
Den Rost in die untere Hälfte des Rohres schieben und die Form daraufstellen.

Backtemperatur
Strom: vorheizen und backen bei 175 Grad
Gas: vorheizen und backen bei 2
Backzeit: 40–45 Min.

Den ausgekühlten Stollen mit Staubzucker bestreuen.

Rezept Nr. 627

Apfeljalousien

Zutaten:

Teig:

1 Pkg.	**oetker** Backmischung Germteig
2	Eier
8 dag	zerlassene Margarine
¼ l	lauwarme Milch

Füllung:

30 dag	Äpfel
$\frac{1}{16}$ l	Weißwein
	Saft von ½ Zitrone
5 dag	Zucker
1	Zimtrinde
3	Nelken ganz
5 dag	Rosinen

Zum Bestreichen:

1	versprudeltes Ei

Zum Bestreuen:

etwas	Staubzucker

Den Teig nach Anleitung auf der Packung zubereiten, ca. ½ cm dick ausrollen und Quadrate (10 × 10 cm) ausradeln.
In die Hälfte der Teigplatten 1 cm breite Streifen einradeln. Den Rand dabei nicht durchtrennen.
Für die Füllung die Äpfel schälen, entkernen und kleinwürfelig schneiden.
Weißwein, Zitronensaft, Zucker, Zimtrinde und Nelken aufkochen und die Apfelwürfel darin dünsten. Aus dem Sud nehmen, abtropfen lassen und mit Rosinen vermischen.
Jeweils einen Eßl. der Füllung auf den ganzen Quadraten verteilen, den Rand mit Ei bestreichen und mit einem eingeschnittenen Teigstück bedecken.
Die Quadrate auf ein mit Backpapier ausgelegtes Backblech legen und zugedeckt ca. 20 Min. gehen lassen.
Mit Ei bestreichen und in die Mitte des Rohres schieben.

Backtemperatur
Strom: vorheizen und backen bei 175 Grad
Gas: vorheizen und backen bei 2
Backzeit: 25–35 Min.

Die ausgekühlten Jalousien mit Staubzucker bestreuen.

ZARTES PLUND

ERTEIGGEBÄCK

Rezept Nr. 628

Marzipanröllchen

Zutaten:
Teig:
Plunderteiggrundrezept s. S. 12

Füllung:

10 dag	**oetker** Patisserie Back-Marzipan
	Saft von 1 Orange
3 dag	Zucker
1 Pck.	**oetker** Vanille Zucker (aus echter Bourbon-Vanille)
1	Eiklar
10 dag	**oetker** Patisserie Mandeln gemahlen

Zum Bestreichen:

1	Dotter
1 Eßl.	Milch

Zum Bestreuen:

2 dag	**oetker** Patisserie Mandel-Blättchen

Den Teig nach Grundrezept (s. S. 12/13) zubereiten und ca. 3 mm dick ausrollen.
Für die Füllung die Zutaten der Reihe nach gut verrühren und auf der Teigplatte gleichmäßig verteilen. Die Teigplatte der Länge nach halbieren und daraus zwei Rollen formen.
Die Rollen in 4–5 cm lange Stücke schneiden. In der Mitte mit einem Kochlöffelstiel eindrücken und auf ein mit Backpapier ausgelegtes Backblech legen.
Zugedeckt ca. 20 Min. gehen lassen, mit Dottermilch bestreichen und mit Mandelblättchen bestreuen.
Das Backblech in die Mitte des Rohres schieben.

Backtemperatur
Strom: vorheizen und backen bei 180 Grad
Gas: vorheizen und backen bei 2
Backzeit: 25–30 Min.

Rezept Nr. 629

Nußschleifen

Zutaten:
Teig:
Plunderteiggrundrezept s. S. 12

Füllung:

20 dag	geriebene Wal- oder Haselnüsse
8 dag	Zucker
1 Pck.	**oetker** Vanille Zucker (aus echter Bourbon-Vanille)
2 Eßl.	Rum
$\frac{1}{16}$ l	heiße Milch

Zum Bestreichen:

1	versprudeltes Ei

Glasur:

15 dag	Staubzucker
1 Eßl.	Rum
1–2 Eßl.	heißes Wasser

Den Teig nach Grundrezept (s. S. 12/13) zubereiten und ca. 3 mm dünn ausrollen.
Für die Füllung die Zutaten der Reihe nach gut verrühren und die Hälfte des Teiges damit bestreichen. Die andere Teighälfte darüberklappen und leicht andrücken.
Mit einem Teigrad Rechtecke (7 × 10 cm) ausradeln.
In jedes Rechteck in der Mitte einen Schlitz einradeln und ein Ende durch diese Öffnung ziehen.
Die Nußschleifen auf ein mit Backpapier ausgelegtes Backblech legen und zugedeckt nochmals ca. 20 Min. gehen lassen.
Danach mit Ei bestreichen und in die Mitte des Rohres schieben.

Backtemperatur
Strom: vorheizen und backen bei 180 Grad
Gas: vorheizen und backen bei 2
Backzeit: 20–25 Min.

Für die Glasur den gesiebten Staubzucker mit so viel Rum und Wasser verrühren, daß eine glatte Masse entsteht und das Gebäck damit bestreichen.

Rezept Nr. 634

Kirschentaschen

Zutaten:
Teig:
Plunderteiggrundrezept s. S. 12

Füllung:

5 dag	Speisestärke
$\frac{1}{16}$ l	Kirschensaft
80 dag	entkernte, gedünstete Kirschen (Weichseln)
10 dag	Zucker

Zum Bestreichen:

1	versprudeltes Ei
10 dag	heiße Marillenmarmelade

Den Teig nach Grundrezept (s. S. 12/13) zubereiten, 3 mm dick ausrollen und Quadrate (10 × 10 cm) ausradeln.
Für die Füllung den Kirschensaft mit Stärke verrühren, Kirschen und Zucker dazugeben und unter ständigem Rühren aufkochen lassen.
Die Quadrate mit Ei bestreichen, in die Mitte einige Kirschen geben, die gegenüberliegende Ecke über die Füllung klappen und zusammendrücken.
Die Taschen auf ein mit Backpapier ausgelegtes Backblech legen, mit Ei bestreichen und in die Mitte des Rohres schieben.

Backtemperatur
Strom: vorheizen und backen bei 180 Grad
Gas: vorheizen und backen bei 2
Backzeit: 25–30 Min.

Die Taschen noch heiß dünn mit Marmelade bestreichen.

Rezept Nr. 635

Croissants

Zutaten:
Teig:
Plunderteiggrundrezept s. S. 12

Zum Bestreichen:

1	Dotter
1	Kaffeel. Milch

Den Teig nach Grundrezpet (s. S. 12/13) zubereiten, zu einem Rechteck (60 × 30 cm) ausrollen und Quadrate (15 × 15 cm) ausschneiden.
Diese diagonal durchschneiden, so daß Dreiecke entstehen.
Daraus Kipferln formen und auf ein befettetes Backblech legen.
Mit Dottermilch bestreichen und in die Mitte des Rohres schieben.

Backtemperatur
Strom: vorheizen und backen bei 180 Grad
Gas: vorheizen und backen bei 2
Backzeit: 20–25 Min.

P I K A N T E B

A C K I D E E N

Rezept Nr. 636

Käsetörtchen

Zutaten:
Teig:
Plunderteiggrundrezept s. S. 12

Füllung:
25 dag Blauschimmelkäse
2 Eier
3 Eßl. Sauerrahm

Zum Belegen:
ca.
40 dag gedünstete Birnen

Den Teig nach Grundrezept (s. S. 12/13) zubereiten und ca. ½ cm dick ausrollen.
Mit einer Schüsserlform Scheiben ausstechen. Die Formen gut befetten und mit dem Teig auslegen.
Den Rost in die Mitte des Rohres schieben und die Formen daraufstellen.

Backtemperatur
Strom: vorheizen und backen bei 225 Grad
Gas: vorheizen und backen bei 4
Backzeit: ca. 10 Min.

Für die Füllung die Zutaten der Reihe nach zu einer glatten Masse verrühren.
Die Schüsserln aus den Formen nehmen, auskühlen lassen und mit der Käsemasse füllen.
Mit einem gut abgetropften Birnenstück belegen.
Danach auf ein Backblech geben und in die Mitte des Rohres schieben.

Backtemperatur
Strom: vorheizen und backen bei 200 Grad
Gas: vorheizen und backen bei 3
Backzeit: 5–10 Min.

Rezept Nr. 637

Camembert-Törtchen

Zutaten:
Teig:
Plunderteiggrundrezept s. S. 12

Füllung:
25 dag Camembert
2 Eier
3 Eßl. Crème fraîche

Zum Belegen:
ca.
40 dag gedünstete Äpfel

Den Teig nach Grundrezept (s. S. 12/13) zubereiten und ca. ½ cm dick ausrollen.
Daraus Schüsserln backen (s. Rezept Nr. 636 Käsetörtchen).
Für die Füllung die Zutaten der Reihe nach zu einer glatten Masse verrühren.
Die Schüsserln damit füllen, mit gut abgetropften Apfelspalten belegen und in die Mitte des Rohres schieben.

Backtemperatur
Strom: vorheizen und backen bei 200 Grad
Gas: vorheizen und backen bei 3
Backzeit: 5–10 Min.

Rezept Nr. 638

Lauchtortelettes

Zutaten:

Teig:

Plunderteiggrundrezept s. S. 12

Füllung:

60 dag	Lauch
¼ l	Sauerrahm
2 dag	Mehl
4	Eier
20 dag	geriebener Greyerzer (Gruyère)
5 dag	geriebener Parmesan
etwas	Salz, Pfeffer
etwas	Paprika, Muskatnuß gerieben
5 dag	in Scheiben geschnittene Hartwurst

Den Teig nach Grundrezept (s. S. 12/13) zubereiten und ca. 3 mm dick ausrollen.
Mit einer Schüsserlform Scheiben ausstechen. Die Formen gut befetten und mit Teig auslegen.
Für die Füllung den Lauch waschen, putzen, in 2 cm breite Stücke schneiden und in Salzwasser dünsten.
Sauerrahm, Mehl, Eier und Käse gut verrühren und mit Salz, Pfeffer, Paprika und Muskatnuß würzen.
Den Lauch in den Schüsserln verteilen, die Käsemasse daraufgeben und mit Wurst belegen.
Den Rost in die Mitte des Rohres schieben und die Förmchen daraufstellen.

Backtemperatur
Strom: vorheizen und backen bei 180 Grad
Gas: vorheizen und backen bei 2
Backzeit: 25–35 Min.

Die Tortelettes aus den Förmchen nehmen und heiß oder kalt servieren.

Rezept Nr. 639

Schinkenschnecken

Zutaten:

Teig:

Plunderteiggrundrezept s. S. 12

Füllung:

50 dag	in Scheiben geschnittener Schinken

Zum Bestreichen:

1	versprudeltes Ei

Den Teig nach Grundrezept (s. S. 12/13) zubereiten und ca. 3 mm dick ausrollen.
Die Teigplatte mit Schinken belegen und von zwei Seiten her einrollen, so daß beide Rollen in der Mitte zusammentreffen.
Davon 2 cm breite Stücke abschneiden, auf ein befettetes Backblech legen und mit Ei bestreichen.
Das Backblech in die Mitte des Rohres schieben.

Backtemperatur
Strom: vorheizen und backen bei 180 Grad
Gas: vorheizen und backen bei 2
Backzeit: 20–30 Min.

Rezept Nr. 640

Pizza mit Hartwurst

Zutaten:
Teig:
Pizzateiggrundrezept s. S. 14

Belag:

2 Eßl.	Olivenöl
50 dag	geschälte, in Scheiben geschnittene Tomaten
20 dag	in Scheiben geschnittener Mozzarella
20 dag	in Scheiben geschnittene grobe Hartwurst
25 dag	in Stücke geschnittener Spargel
3 Eßl.	geriebener Parmesan
etwas	Oregano, Basilikum
3 Eßl.	Olivenöl

Den Teig nach Grundrezept (s. S. 14/15) zubereiten, dünn ausrollen, auf ein befettetes Backblech legen und mit Öl bestreichen.
Zuerst mit Tomaten und dann mit den übrigen Zutaten nach Belieben belegen.
Mit Oregano, Basilikum und Parmesan bestreuen und mit Öl beträufeln.
Das Backblech in die Mitte des Rohres schieben.

Backtemperatur
Strom: vorheizen und backen bei 225 Grad
Gas: vorheizen und backen bei 4
Backzeit: ca. 30 Min.

Rezept Nr. 641

Pizza „Spezial“

Zutaten:
Teig:
Pizzateiggrundrezept s. S. 14

Belag:

2 Eßl.	Olivenöl
25 dag	in Scheiben geschnittene Champignons
2 dag	Butter
etwas	Salz, Pfeffer
1–2	zerdrückte Knoblauchzehen
50 dag	geschälte, in Scheiben geschnittene Tomaten
25 dag	in Stücke geschnittene Artischockenherzen
5 dag	Sardellenfilets
15	schwarze Oliven
15 dag	in Scheiben geschnittene Salami
10 dag	in Streifen geschnittener Edamer
10 dag	in Streifen geschnittener Gruyère
etwas	Oregano, Basilikum
3 Eßl.	Olivenöl

Den Teig nach Grundrezept (s. S. 14/15) zubereiten, dünn ausrollen, auf ein befettetes Backblech legen und mit Öl bestreichen.
Die Champignons in Butter dünsten und mit Salz, Pfeffer und Knoblauch würzen.
Den Teig zuerst mit Tomaten und dann mit den übrigen Zutaten nach Belieben belegen.
Mit Oregano und Basilikum bestreuen und mit Öl beträufeln.
Das Backblech in die Mitte des Rohres schieben.

Backtemperatur
Strom: vorheizen und backen bei 225 Grad
Gas: vorheizen und backen bei 4
Backzeit: ca. 30 Min.

VINO DA TAVOLA ROSSO
FATTORIA
ARTIMINO

Rezept Nr. 642

Pizza „San Vincenzo“

Zutaten:
Teig:
Pizzateiggrundrezept s. S. 14

Belag:

2 Eßl.	Olivenöl
50 dag	geschälte, in Scheiben geschnittene Tomaten
10 dag	in Scheiben geschnittene, gedünstete Champignons
10 dag	in Stücke geschnittene Artischockenherzen
1 Eßl.	Kapern
10 dag	Sardellenfilets
15	schwarze Oliven
40 dag	in Streifen geschnittener Mozzarella
etwas	Salz, Pfeffer
etwas	Basilikum, Oregano
3 Eßl.	Olivenöl

Den Teig nach Grundrezept (s. S. 14/15) zubereiten, dünn ausrollen, auf ein befettetes Backblech legen und mit Öl bestreichen.
Zuerst mit Tomaten und dann mit den übrigen Zutaten nach Belieben belegen.
Mit Salz, Pfeffer, Basilikum und Oregano würzen und mit Öl beträufeln.
Das Backblech in die Mitte des Rohres schieben.

Backtemperatur
Strom: vorheizen und backen bei 225 Grad
Gas: vorheizen und backen bei 4
Backzeit: ca. 30 Min.

Rezept Nr. 643

Gemüsepizza

Zutaten:
Teig:
Pizzateiggrundrezept s. S. 14

Belag:

2 Eßl.	Olivenöl
50 dag	geschälte, in Scheiben geschnittene Tomaten
2 dag	Butter
30 dag	Blattspinat
15 dag	in Scheiben geschnittene Champignons
3	zerdrückte Knoblauchzehen
10 dag	in Stücke geschnittene Artischockenböden
10 dag	in Scheiben geschnittener Gouda
etwas	Oregano
etwas	Salz, Pfeffer
2 Eßl.	Olivenöl

Den Teig nach Grundrezept (s. S. 14/15) zubereiten, dünn ausrollen, auf ein befettetes Backblech legen, mit Öl bestreichen und mit Tomaten belegen.
Butter in einer Pfanne erhitzen, Spinat, Champignons und Knoblauch darin dünsten und auf den Tomaten verteilen.
Mit Artischockenböden und Käse belegen, mit Oregano, Salz und Pfeffer würzen und mit Öl beträufeln.
Das Backblech in die Mitte des Rohres schieben.

Backtemperatur
Strom: vorheizen und backen bei 250 Grad
Gas: vorheizen und backen bei 5
Backzeit: 25–30 Min.

FRASCATI
DENOMINAZIONE DI ORIGINE CONTROLLATA
SUPERIORE
IMBOTTIGLIATO DALLE
CANTINE B. VIOLO
MONTEPORZIO CATONE
ITALIA

Rezept Nr. 644

Salzstangerln mit Schinkenfüllung

Zutaten:

Teig:

50 dag	Mehl
1 Pck.	**oetker** Germ
½	Kaffeel. Salz
½	Kaffeel. Kümmel gemahlen
5 dag	zerlassene Butter (Margarine)
¼ l	lauwarme Milch

Füllung:

25 dag	kleinwürfelig geschnittener Schinken
2 Eßl.	feingehackte Petersilie
etwas	Salz, Pfeffer

Zum Bestreichen:

1	Dotter
1	Kaffeel. Milch

Zum Bestreuen:

etwas	Salz grob

Den Teig mit den angegebenen Zutaten nach Grundrezept (s. S. 9) zubereiten, dünn ausrollen und in Quadrate (12 × 12 cm) schneiden.
Für die Füllung die Zutaten der Reihe nach gut verrühren.
Die Quadrate diagonal durchschneiden, so daß Dreiecke entstehen.
Die Schinkenmasse darauf verteilen und die Teigdreiecke von der längeren Seite her einrollen.
Die Stangerln auf ein befettetes Backblech legen, mit Dottermilch bestreichen und mit Salz bestreuen.
Das Backblech in die Mitte des Rohres schieben.

Backtemperatur
Strom: vorheizen und backen bei 200 Grad
Gas: vorheizen und backen bei 3
Backzeit: 20–30 Min.

Rezept Nr. 645

Shrimpstoast

Zutaten:

4	Scheiben Toastbrot (Rezept s. S. 104)

Belag:

5 dag	Doppelrahm-Frischkäse mit Kräutern
10 dag	Shrimps
etwas	Kresse
etwas	Pfeffer

Zum Garnieren:

Zitronenscheiben

Das Toastbrot auf beiden Seiten kurz toasten und mit Doppelrahm-Frischkäse bestreichen.
Mit Shrimps und Kresse belegen, mit etwas Pfeffer würzen und mit Zitronenscheiben garniert servieren.

Rezept Nr. 646

Zwiebelkuchen

Zutaten:

Teig:

30 dag	Mehl
1 Pck.	**oetker** Germ
1	Kaffeel. Salz
1 dag	Zucker
5 dag	zerlassene Butter
ca. $\frac{1}{8}$ l	lauwarme Milch

Belag:

1 kg	feingehackte Zwiebeln
6 dag	Butter (Margarine)
2	Becher Crème fraîche
2 dag	Speisestärke
3	Eier
etwas	Salz, Pfeffer
etwas	Kümmel
10 dag	würfelig geschnittener Frühstücksspeck

Den Teig mit den angegebenen Zutaten nach Grundrezept (s. S. 9) zubereiten, ca. ½ cm dick ausrollen und auf ein befettetes Backblech legen.
Für den Belag die Zwiebeln in Butter glasig dünsten. Crème fraîche, Stärke und Eier verrühren, mit Salz, Pfeffer und Kümmel würzen und die Zwiebeln dazugeben. Die Zwiebelmasse gleichmäßig auf dem Teig verteilen und mit Speckwürfeln bestreuen.
Den Teig nochmals zugedeckt ca. 30 Min. gehen lassen. Das Backblech in die Mitte des Rohres schieben.

Backtemperatur
Strom: vorheizen und backen bei 200 Grad
Gas: vorheizen und backen bei 3
Backzeit: 30–35 Min.

Rezept Nr. 647

Güssinger Krapfen

Zutaten:

Teig:

25 dag	Mehl
1 Pck.	**oetker** Germ
etwas	Salz
1	Ei
5 dag	zerlassenes Schweineschmalz
ca. $\frac{1}{8}$ l	lauwarme Milch
20 dag	gekochte, geschälte und passierte Kartoffeln

Füllung:

etwas	Schweineschmalz
15 dag	feingehackte Zwiebeln
25 dag	kleinwürfelig geschnittenes Selchfleisch
2 Eßl.	Petersilie
etwas	Salz, Pfeffer

Zum Ausbacken:
Schweineschmalz oder Öl

Den Teig mit den angegebenen Zutaten nach Grundrezept (s. S. 9) zubereiten und die Kartoffeln unterkneten. Nach dem Gehen ca. ½ cm dick ausrollen und Scheiben (8 cm ∅) ausstechen.
Für die Füllung Zwiebeln und Selchfleisch im Schweineschmalz kurz anrösten, mit Petersilie, Salz und Pfeffer würzen und auskühlen lassen.
Je einen Kaffeelöffel davon in die Mitte einer Scheibe geben, eine Teighälfte darüberklappen und die Ränder fest zusammendrücken.
In einer Kasserolle so viel Fett erhitzen, daß das Gefäß bis zur Hälfte gefüllt ist. Das Fett langsam erhitzen und während des Backens gleichmäßig heiß halten.
Die Krapfen auf beiden Seiten goldbraun backen und noch heiß servieren.

Rezept Nr. 648

Rindsfilet auf Toast

Zutaten:

4	Scheiben Roggentoastbrot (Rezept s. S. 104)
etwas	Butter

Belag:

50 dag	in Scheiben geschnittene Champignons
5 dag	Butter
etwas	Salz, Pfeffer
3 Eßl.	feingehackte Petersilie
4	Steaks (gut abgelegener Rindslungenbraten, je Stück ca. 15–20 dag)
etwas	Pfeffer, Paprika scharf
4 Eßl.	Öl
etwas	Salz

Knoblauchbutter:

10 dag	weiche Butter
etwas	Salz
1–2	zerdrückte Knoblauchzehen
1 Eßl.	feingehackte Petersilie

Das Toastbrot auf beiden Seiten kurz toasten und mit Butter bestreichen.
Die Champignons in Butter weichdünsten, mit Salz und Pfeffer würzen und zum Schluß die Petersilie dazugeben.
Die Filets mit Paprika und Pfeffer würzen, in heißem Öl auf beiden Seiten ca. 5 Min. anbraten und salzen.
Für die Knoblauchbutter alle Zutaten der Reihe nach gut verrühren. Die Masse in einen Spritzsack füllen und 4 Tupfer auf einen Teller setzen. Bis zum Servieren kalt stellen.
Das Toastbrot mit Steak, Champignons und Knoblauchbutter belegen und sofort servieren.

Rezept Nr. 649

Italienischer Toast

Zutaten:

4	Scheiben Roggentoastbrot (Rezept s. S. 104)
etwas	Butter

Belag:

4	Scheiben Mortadella
25 dag	in Scheiben geschnittene, gedünstete Champignons
etwas	Salz, Pfeffer
1–2	zerdrückte Knoblauchzehen
1 Eßl.	feinghackte Petersilie
1–2	in Scheiben geschnittene Tomaten
4	Scheiben Tilsiter

Das Toastbrot auf beiden Seiten kurz vortoasten, mit Butter bestreichen und mit Mortadella belegen.
Die Champignons mit Salz, Pfeffer, Knoblauch und Petersilie würzen und daraufgeben.
Zum Schluß mit Tomatenscheiben und Tilsiter belegen.
Die Toasts auf den Rost legen und in die Mitte des Rohres schieben.

Backtemperatur
Strom: vorheizen und backen bei 225 Grad
Gas: vorheizen und backen bei 4
Backzeit: ca. 10 Min.

Rezept Nr. 650

Birnentoast

Zutaten:

4	Scheiben Toastbrot (Rezept s. S. 104)
etwas	Butter

Belag:

4	Scheiben Preßschinken
4	gedünstete Birnenhälften
4	Scheiben Emmentaler

Zum Garnieren:

etwas	Preiselbeermarmelade

Das Toastbrot auf beiden Seiten kurz vortoasten und mit Butter bestreichen.
Mit Schinken, Birnenspalten und Emmentaler belegen. Die Toasts auf den Rost legen und in die Mitte des Rohres schieben.

Backtemperatur
Strom: vorheizen und backen bei 225 Grad
Gas: vorheizen und backen bei 4
Backzeit: ca. 10 Min.

Mit Preiselbeeren garniert servieren.

Rezept Nr. 651

Spargeltoast

Zutaten:

4	Scheiben Toastbrot (Rezept s. S. 104)
etwas Butter	

Belag:

4	Scheiben Preßschinken
ca. 30 dag	Spargel (Dose)
4	Käse-Scheibletten
etwas Pfeffer	

Das Toastbrot auf beiden Seiten kurz vortoasten und mit Butter bestreichen.
Mit Schinken, Spargel und Käse-Scheibletten belegen und mit Pfeffer würzen.
Die Toasts auf den Rost legen und in die Mitte des Rohres schieben.

Backtemperatur
Strom: vorheizen und backen bei 225 Grad
Gas: vorheizen und backen bei 4
Backzeit: ca. 10 Min.

AUS ECHTEM SC

HROT UND KORN

Rezept Nr. 652

Leinsamenbrot

Zutaten:

Teig:

40 dag	Roggenvollmehl
10 dag	Weizenvollmehl
5 dag	Leinsamen
1 Pck.	oetker Germ
1 Eßl.	Salz
1	Kaffeel. Koriander
1	Kaffeel. Anis
½	Kaffeel. Fenchel
ca. ⅜ l	lauwarmes Wasser

Zum Bestreuen:

etwas	Leinsamen

Den Teig mit den angegebenen Zutaten nach Grundrezept (s. S. 9) zubereiten, nochmals durchkneten und mit nassen Händen zu einem Wecken formen.
Diesen auf ein befettetes Backblech legen, an der Oberfläche einige Male einschneiden und mit Leinsamen bestreuen.
Zugedeckt ca. 30 Min. gehen lassen und in die Mitte des Rohres schieben.

Backtemperatur
Strom: vorheizen und backen bei 190 Grad
Gas: vorheizen und backen bei 3
Backzeit: 55–65 Min.

Rezept Nr. 653

Haferflockenbrot

Zutaten:

Teig:

15 dag	Weizenmehl
35 dag	Weizenvollmehl
5 dag	Haferflocken
1 Pck.	oetker Germ
1 Eßl.	Salz
ca. ⅜ l	lauwarmes Wasser

Zum Bestreuen:

Haferflocken

Den Teig mit den angegebenen Zutaten nach Grundrezept (s. S. 9) zubereiten, nochmals durchkneten und zu einem ovalen Laib formen.
Diesen auf ein befettetes Backblech legen, an der Oberfläche kreuzweise einschneiden, mit Wasser bestreichen und mit Haferflocken bestreuen.
Zugedeckt ca. 20 Min. gehen lassen und in die Mitte des Rohres schieben.

Backtemperatur
Strom: vorheizen und backen bei 190 Grad
Gas: vorheizen und backen bei 3
Backzeit: 55–65 Min.

Rezept Nr. 654

Roggentoastbrot

Zutaten:
Teig:

30 dag	Weizemehl
20 dag	Roggenmehl
1 Pck.	**oetker** Germ
1	Kaffeel. Salz
2 dag	zerlassene Butter (Margarine)
ca. 3/8 l	lauwarmes Wasser

Den Teig mit den angegebenen Zutaten nach Grundrezept (s. S. 9) zubereiten, nochmals durchkneten und in eine gut befettete Kastenform geben.
Zugedeckt nochmals ca. 20 Min. gehen lassen.
Den Rost auf die unterste Schiene des Rohres schieben und die Form daraufstellen.

Backtemperatur
Strom: vorheizen und backen bei 190 Grad
Gas: vorheizen und backen bei 3
Backzeit: ca. 60 Min.

Rezept Nr. 655

Toastbrot

Zutaten:
Teig:

50 dag	Weizenmehl
1 Pck.	**oetker** Germ
1	Kaffeel. Salz
1	gestr. Kaffeel. Zucker
ca. 3/8 l	lauwarmes Wasser

Den Teig mit den angegebenen Zutaten nach Grundrezept (s. S. 9) zubereiten, nochmals durchkneten und in eine gut befettete Kastenform geben.
Zugedeckt nochmals ca. 20 Min. gehen lassen.
Den Rost auf die unterste Schiene des Rohres schieben und die Form daraufstellen.

Backtemperatur
Strom: vorheizen und backen bei 190 Grad
Gas: vorheizen und backen bei 3
Backzeit: ca. 60 Min.

Rezept Nr. 656

Kräuterbrot

Zutaten:
Teig:

25 dag	Weizenvollmehl
20 dag	Roggenvollmehl
5 dag	Weizenschrot
1 Pck.	**oetker** Germ
1 Eßl.	Salz
1	Bund feingehackte Petersilie
5 Eßl.	feingehakte Kräuter (Schnittlauch, Dill, Kerbel, Estragon, Basilikum)
ca. ⅜ l	lauwarmes Wasser

Den Teig mit den angegebenen Zutaten nach Grundrezept (s. S. 9) zubereiten, nochmals durchkneten und zu einem Laib formen.
Mit einem Kochlöffelstiel in der Mitte ein Loch machen, so daß ein Ring entsteht.
Den Ring auf ein befettetes Backblech legen, an der Oberfläche einige Male einschneiden und zugedeckt ca. 20 Min. gehen lassen.
Das Backblech in die Mitte des Rohres schieben.

Backtemperatur
Strom: vorheizen und backen bei 190 Grad
Gas: vorheizen und backen bei 3
Backzeit: 50–60 Min.

Rezept Nr. 657

Kümmelbrot

Zutaten:
Teig:

50 dag	Weizenvollmehl
1 Pck.	**oetker** Germ
1 Eßl.	Salz
1 Eßl.	Kümmel
ca. ⅜ l	lauwarmes Wasser
5 dag	würfelig geschnittener Frühstücksspeck

Zum Bestauben:
etwas Mehl

Den Teig mit den angegebenen Zutaten nach Grundrezept (s. S. 9) zubereiten, den Speck unterkneten und einen Laib formen.
Diesen auf ein befettetes Backblech legen, an der Oberfläche einige Male einschneiden und zugedeckt ca. 20 Min. gehen lassen.
Mit Wasser bestreichen und mit Mehl bestauben.
Das Backblech in die Mitte des Rohres schieben.

Backtemperatur
Strom: vorheizen und backen bei 190 Grad
Gas: vorheizen und backen bei 3
Backzeit: 55–65 Min.

Rezept Nr. 658

Pariser Brot

Zutaten:

Teig:

1 kg	Mehl
2 Pck.	**oetker** Germ
2 Eßl.	Salz
ca. ⅝ l	lauwarmes Wasser

Zum Bestreichen:

1	versprudeltes Ei

Den Teig mit den angegebenen Zutaten nach Grundrezept (s. S. 9) zubereiten, nochmals durchkneten und vier Baguettes formen.
Diese auf ein befettetes Backblech legen und einschneiden.
Zugedeckt ca. 20 Min. gehen lassen und mit Ei bestreichen.
Das Backblech in die Mitte des Rohres schieben.

Backtemperatur
Strom: vorheizen und backen bei 200 Grad
Gas: vorheizen und backen bei 3
Backzeit: 40–45 Min.

Rezept Nr. 659

Mohnsemmeln

Zutaten:

Teig:

50 dag	Mehl
1 Pck.	**oetker** Germ
etwas	Salz
1	Messersp. Pfeffer gemahlen
1	Messersp. Muskatnuß gemahlen
1	Ei
5 dag	zerlassene Butter (Margarine)
ca. ¼ l	lauwarme Milch

Zum Bestreichen:

1	versprudeltes Ei

Zum Bestreuen:

etwas	Mohn

Den Teig mit den angegebenen Zutaten nach Grundrezept (s. S. 9) zubereiten, nochmals durchkneten und in ca. 5 dag schwere Stücke teilen.
Diese zu Kugeln formen, kreuzweise einschneiden und auf ein befettetes Backblech legen.
Zugedeckt ca. 20 Min. gehen lassen, mit Ei bestreichen und mit Mohn bestreuen.
Das Backblech in die Mitte des Rohres schieben.

Backtemperatur
Strom: vorheizen und backen bei 180 Grad
Gas: vorheizen und backen bei 2
Backzeit: 35–45 Min.

Rezept Nr. 660

Kartoffelbrot

Zutaten:

Teig:

50 dag	Mehl
1 Pck.	**oetker** Germ
etwas	Salz
8 dag	Zucker
1	Ei
½ Fl.	**oetker** Aroma Zitrone
6 dag	zerlassene Butter (Margarine)
¼ l	lauwarme Milch
30 dag	gekochte, geschälte und passierte Kartoffeln
8 dag	Rosinen

Zum Bestreichen:

1	versprudeltes Ei

Den Teig mit den angegebenen Zutaten nach Grundrezept (s. S. 9) zubereiten und die ausgekühlten Kartoffeln unterkneten.
Nach dem Gehen die Rosinen einarbeiten und den Teig in eine gut befettete Kastenform geben.
Zugedeckt nochmals ca. 30 Min. gehen lassen und mit Ei bestreichen.
Den Rost auf die unterste Schiene des Rohres schieben und die Form daraufstellen.

Backtemperatur
Strom: vorheizen und backen bei 180 Grad
Gas: vorheizen und backen bei 2
Backzeit: 50–60 Min.

Rezept Nr. 661

Bauernbrot

Zutaten:

Teig:

25 dag	Weizenvollmehl
25 dag	Roggenvollmehl
1 Pck.	**oetker** Germ
1 Eßl.	Salz
2 Eßl.	Kümmel gemahlen
1 Eßl.	Koriander
½ Eßl.	Fenchel
2 Eßl.	Öl
ca. ⅜ l	lauwarmes Wasser

Den Teig mit den angegebenen Zutaten nach Grundrezept (s. S. 9) zubereiten, nochmals durchkneten und mit nassen Händen einen Laib formen.
Diesen auf ein befettetes Backblech legen, rautenförmig einschneiden und zugedeckt ca. 20 Min. gehen lassen.
Das Backblech in die Mitte des Rohres schieben.

Backtemperatur
Strom: vorheizen und backen bei 200 Grad
Gas: vorheizen und backen bei 3
Backzeit: 55–65 Min.

Rezept Nr. 662

Nußbrot

Zutaten:

Teig:

25 dag	Weizenmehl
25 dag	Weizenvollmehl
1 Pck.	**oetker** Germ
2 Eßl.	Salz
2 Eßl.	Öl
$\frac{3}{8}$ l	lauwarme Milch
15 dag	**oetker** Patisserie Haselnüsse gehackt

Den Teig mit den angegebenen Zutaten nach Grundrezept (s. S. 9) zubereiten und die Nüsse unterkneten.
Nach dem Gehen den Teig nochmals durchkneten, zu einem Wecken formen und auf ein befettetes Backblech legen.
An der Oberfläche einige Male einschneiden und zugedeckt ca. 20 Min. gehen lassen.
Das Backblech in die Mitte des Rohres schieben.

Backtemperatur
Strom: vorheizen und backen bei 180 Grad
Gas: vorheizen und backen bei 2
Backzeit: 50–60 Min.

Rezept Nr. 663

Sesamwecken

Zutaten:

Teig:

50 dag	Weizenmehl
1 Pck.	**oetker** Germ
1–2 Eßl.	Salz
	Schale von 1 Orange
1	Ei
ca. $\frac{1}{4}$ l	lauwarmes Wasser

Zum Wälzen:

ca. 5 dag	Sesamsamen

Den Teig mit den angegebenen Zutaten nach Grundrezept (s. S. 9) zubereiten, nochmals durchkneten und zu einem Wecken formen.
Den Wecken mit Wasser bestreichen und in Sesam wälzen.
Danach auf ein befettetes Backblech legen, mit einem Kochlöffelstiel Löcher einstechen und zugedeckt ca. 20 Min. gehen lasen.
Das Backblech in die Mitte des Rohres schieben.

Backtemperatur
Strom: vorheizen und backen bei 180 Grad
Gas: vorheizen und backen bei 2
Backzeit: 50–60 Min.

REZEPT-REGISTER

NOTIZEN